LES ADAGES À TRAVERS LES ARRÊTS DE LA COUR DE CASSATION DU CONGO/KINSHASA

Collection « Études africaines »

dirigée par Denis Pryen et son équipe

Forte de plus de mille titres publiés à ce jour, la collection « Études africaines » fait peau neuve. Elle présentera toujours les essais généraux qui ont fait son succès, mais se déclinera désormais également par séries thématiques : droit, économie, politique, sociologie, etc.

Dernières parutions

Samba DIOP, *La diaspora africaine en Norvège. Immigration et intégration en Europe*, 2020

Barthélemy MAHOUKOU et Nadège OKEMY ANDISSA, *Formation qualifiante et évaluation de stage au Congo Brazzaville. Constats et perspectives*, 2020.

Gaston MBEMBA-N'DOUMBA, *Femmes et petits commerces du fleuve Congo entre Brazzaville et Kinshasa*, 2020.

Ernestine Antoinette NGO MELHA, *Inclusion scolaire des élèves en situation de handicap en France et au Cameroun*, 2020.

Julien Coomlan HOUNKPÈ, *Le droit de la preuve dans l'espace OHADA*, 2020

Michael AKINPELU, *La langue française au Nigéria. La difficile intégration,* 2020.

Mohamed HARAKAT, *La nouvelle diplomatie économique en Afrique. Paradigmes et modèles*, 2020

Olo SIB PALÉ, *Au cœur d'une administration douanière africaine. Douane en action*, 2020.

Jean KOUFAN MENKÉNÉ, René BIDIAS, *La diplomatie camerounaise au service du nouvel ordre économique international. 1960-1981*, 2020.

Chrysostome CIJIKA KAYOMBO, *Histoire de la pédagogie. Lumière sur la pédagogie traditionnelle africaine*, 2020.

Olo Sib PALE, *Au cœur d'une administration douanière africaine*, 2020.

Thalès DJIMRASSEM et Reoular NDIGMBAYEL, *Pour une éducation à la paix et au développement au Tchad,* 2020. Firmin Marius Olivaint NYAMA (coord.), *La violence au Gabon*, 2020.

Défi Augustin FATAKI WA LUHINDI
Avocat à la Cour de Cassation et au Conseil d'État
Conseil à la Cour Pénale Internationale

LES ADAGES À TRAVERS LES ARRÊTS DE LA COUR DE CASSATION DU CONGO/KINSHASA

Préface de Maître Michel NZANGI BATUTU

Conseiller émérite de la Cour Suprême de Justice
Directeur général honoraire du Service de Documentation et d'Études du Ministère de la Justice
Avocat au Barreau de Kinshasa / Matete

L'Harmattan

DU MEME AUTEUR

Le secteur de la justice et l'Etat de droit, Open Society Fondations, juillet 2013, 160 p. (Œuvre collective : Kifwabala Tekilazaya, Défi Fataki wa Luhindi et Marcel Wetsh'okonda Koso).

La portée réelle de l'enregistrement en droit foncier et immobilier congolais, Editions du Service de Documentation et d'Etudes du Ministère de la Justice et Droits Humains, Kinshasa, juillet 2013, p.54

Adages à l'usage du prétoire et du politique, Editions BATENA NTAMBUA, Kinshasa, 2008, p.249.

Le certificat d'enregistrement délivré avant la loi foncière face au principe de l'inattaquabilité, Edition COMPODOR, Kinshasa, 2009, p. 76.

Les grandes lignes du projet de réforme de la loi foncière, Editions COMPODOR, Kinshasa, janvier 2010, p.10.

La loi foncière confrontée aux réalités sociétales, Editions du Service de Documentation et d'Etudes du Ministère de la Justice et Garde des Sceaux, Kinshasa, septembre 2011, p.120.

Contacts : - 00 243 999913710
E-mail : defawal@yahoo.fr

5-7, rue de l'École-Polytechnique ; 75005 Paris

http://www.librairieharmattan.com

ISBN : 978-2-343-20671-4
EAN : 9782343206714

DEDICACE

A mes enfants LUHINDI DUNIA FATAKI Julienne, FATAKI LUHINDI Augustin, BAKULANIA LUHINDI Bénie, LUHINDI FATAKI Pierre, FATAKI MUKWAMI LUHINDI Belle Louise Marie et FATAKI WA LUHINDI Joseph qui ont toujours appris que le plus important dans la vie n'est pas d'amasser des richesses mais de laisser des empreintes illustres.

REMERCIEMENTS

Après la parution en 2008 de notre livre intitulé « Adages à l'usage du prétoire et du politique », nous avons jugé nécessaire d'approfondir nos recherches dans le domaine des adages, mais cette fois dans le domaine du droit et ce, en vue de mettre à la disposition des praticiens du droit un outil important dans l'exercice de leur métier. C'est dans cette perspective que nous nous sommes mis encore à table pour concevoir et écrire le présent livre qui a pour titre « Les adages à travers les arrêts de la Cour de Cassation ».

Il faut reconnaître que ce livre a connu des observations de fond de Maître WASENDA N'SONGO Corneille qui nous a proposé la lecture de certains ouvrages pour améliorer la qualité de notre œuvre.

La qualité de ce livre est sans nul doute le fruit des remarques éclairées de Maître NTETIKA MBAKATA Jerry qui n'a ménagé aucun effort pour lire et relire notre ouvrage de bout à bout. Il en est de même de Maître MBUSA KATIMO Landry, produit de mon cabinet d'avocats, qui a accepté volontiers d'enrichir la présente publication de ses commentaires.

Il est donc logique que nos remerciements leur soient adressés.

Nos remerciements sont également adressés à nos collaborateurs Maîtres KANGULUMBA ZOLA Leroi, KAMBALE SONDIRYA Christian, KASEREKA SOKULU Thierry, WAKOMINA EKU Bernard, EBOMA NDONGO Alain, KAMBEYA BETU André, RUKOMEZA BYATERANYA Gauthier, KASEREKA

MILONDE David, KAMATE KULE Krystel, ALI MUSTAFA Emery, MATUBUANA NSIMBA Bibiche et FATAKI MOPEMBU Tychique, SIKWAYA MULEMBERE, MASHEKA NGABO Nelson, PALUKU KABUKULU Trésor et MWANA Stella pour leur soutien et encouragement.

Je ne saurais mettre un terme à ce chapitre des remerciements sans rendre un hommage mérité à Maître Michel NZANGI BATUTU, Conseiller émérite de la Cour Suprême de Justice, Directeur général honoraire du Service de Documentation et d'Etudes du Ministère de la Justice et Avocat au Barreau de Kinshasa/Matete, pour avoir accepté de présenter à nos lecteurs notre livre par le biais de sa préface et ce, en dépit de ses multiples occupations. Qu'il veille bien trouver à travers ces lignes l'expression de nos sincères remerciements.

PREFACE

Le droit, à l'instar d'autres disciplines scientifiques, a son langage propre. Celui-ci est parsemé des adages connus également sous les noms de maxime et de brocard.

Les adages juridiques ont une origine rationnelle. De ce point de vue, ils se distinguent des proverbes. Expressions de la pensée populaire, ces derniers sont essentiellement empiriques c'est-à-dire non issus de l'observation scientifique.

D'après M.P. Fabreguettes, les adages sont des synthèses qui viennent ordinairement du droit romain, parfois du droit coutumier ou du droit canonique ([1]).

L'on considère les brocards comme les nerfs de la discussion : Vincula rationis. Ils seraient pour le juriste ce que la boussole est pour le navigateur. Et le Chancelier d'Aguesseau conseillait même à son fils de «se remplir l'esprit de ces notions communes, qui sont comme autant d'oracles de la jurisprudence et comme le précis de toutes les réflexions des juristes» ([2]).

L'on raconte qu'il fut un temps où régnait l'usage de prouver par adages. Tout plaideur se devait de fonder sa démonstration sur quelques maximes latines. A défaut de donner une telle base à son argumentation, il avait à rougir de son ignorance ([3]).

---

[1]. M.P. Fabreguettes, *La logique judiciaire et l'art de juger*, 2è éd. p. 279, cit. par E. TAHON, Réflexions sur les adages juridiques, *in Journal des Tribunaux (belge)*, 30 sept. 1956, n° 4119, p. 525.

[2]. D'Aguesseau, *Première instruction à son fils*, tome 2è, p. 279, cit. par E. TAHON op. cit., p. 525.

[3]. E. TAHON, *op. cit.*, p. 925.

Cette époque étant révolue, cette pratique s'est estompée. De nos jours, ce qui donne aux adages juridiques leur relief de médaille, c'est le fait qu'ils ont, non seulement la valeur d'un raisonnement en raccourci, mais ils confèrent également au langage de droit, toute sa splendeur.

Le savant auteur De Page estime cependant que les brocards ou maximes ne sont pas toujours des guides sûrs ([4]). C'est pourquoi leur usage commande une certaine prudence, l'on doit éviter des erreurs.

C'est ainsi que l'application correcte de ces adages, obéit à certains critères : ils doivent être conformes à la logique juridique, être en concordance avec l'arsenal juridique national et avec les normes internationales communément admises.

En décidant de mettre à la disposition du public les adages auxquels la Cour suprême de justice a eu recours dans ses arrêts, Maître FATAKI WA LUHINDI Défi Augustin, écrivain de renon, auteur de plusieurs ouvrages bien appréciés par l'élite intellectuelle, a fait une fois de plus, œuvre utile.

En effet, ces maximes dont a usé la plus haute juridiction du pays, juge de la légalité des décisions judiciaires, auront à jouir d'une notoriété indéfectible auprès des plaideurs comme des praticiens du droit.

Ensuite, ces adages ajoutés à ceux judicieusement sélectionnés par l'auteur dans le même ouvrage et à ceux

---

[4]. De Page, *Complément au Traité élémentaire de droit civil belge*, vol. I.

publiés à l'édition Batena Ntambua en 2008, permettront indubitablement à toute personne intéressée de disposer d'une provision suffisante de brocards utiles dont elle aura à user opportunément.

Enfin, par la démonstration scientifique rigoureuse de l'existence des principes généraux du droit dans l'arsenal juridique congolais, thèse à laquelle j'ai toujours souscrit, Maître FATAKI a apporté une précieuse contribution à la résolution d'une problématique qui a fait couler beaucoup d'encre. Car, sur quelle base juridique peut-on justifier l'existence des principes tels que la non-rétroactivité des actes juridiques, l'autorité absolue de la chose jugée au pénal sur l'action civile ou encore le principe qui veut que seuls les juges ayant assisté à toute l'instruction puissent rendre un jugement dans cette affaire, pour ne citer que ceux-là, ces matières n'étant prévues par aucun texte légal connu en dehors de l'ordonnance du 14 mai 1886 confirmé par le décret du 12 novembre 1886 du Gouverneur général régissant les principes généraux du droit ?

Bonne chance à cette œuvre digne d'éloge !

Michel NZANGI BATUTU
Conseiller émérite de la Cour Suprême de Justice ;
Directeur général honoraire du Service de Documentation et d'Etudes du Ministère de la Justice ;
Avocat au Barreau de Kinshasa/Matete.

LISTE DE PRINCIPALES ABREVIATIONS

1. Bull : Bulletin des Arrêts de la Cour Suprême de Justice
2. C/ : Contre
3. COCJ : Code de l'organisation et de la compétence judiciaires
4. CSJ : Cour Suprême de Justice
5. MP : Ministère Public
6. NCPC : Nouveau code de procédure civile (français)
7. PGR : Parquet Général de la République
8. RC : Rôle civil
9. RDC : République Démocratique du Congo
10. RP : Rôle pénal
11. S : suivant
12. SS : suivants

INTRODUCTION

Dans la préface de notre ouvrage intitulé « Adages à l'usage du prétoire et du politique », le Premier Avocat Général de la République, KATUALA KABA KASHALA soutient juste à propos que « *les procès ne se gagnent pas que par des périphrases et que les conclusions les plus savantes ont presque toujours été renversées par de simples mots et les adages* »[5]. Certaines affaires complexes peuvent effectivement être tranchées par le biais des adages, d'un mot, ou d'une expression qui permettent du coup au juge de trouver aisément la voie de sortie. Le professeur LUKOMBE NGHENDA n'a-t-il toujours pas dit dans ses enseignements de Droit des sociétés que les adages latins bravent l'obscurité.

Par leurs propos, le Premier Avocat Général de la République, KATUALA KABA KASHALA et le professeur LUKOMBE NGHENDA montrent l'importance des brocards latins dans le travail d'un juge.

Dans cet ouvrage, nous allons démontrer l'importance des adages (Chapitre I), avant d'exposer les différents adages qui sont fréquemment utilisés par la Cour de cassation (Chapitre II) et terminer par les adages qui bien que n'étant pas usuels au Palais, ne manquent cependant pas d'importance (Chapitre III).

Pour une bonne compréhension de l'importance des adages, cette étude tentera de les commenter avec l'aide de certains doctrinaires et spécialement ROLAND et BOYER qui ont écrit deux chef d'œuvres dont nous nous sommes suffisamment inspiré à telle enseigne qu'il n'a pas été

---

[5] FATAKI WA LUHINDI Défi Augustin, Adages à l'usage du prétoire et du politique, Editions Batena Ntambua, Kinshasa, 2008, p. 13.

nécessaire de les citer dans le corps de notre étude. Il s'agit des livres ci-après :

- Roland H. et Boyer L., Locutions latines du Droit Français, 4è éd, éditions Litec, Paris, 1998, 566 p;
- Roland H. et Boyer L., Adages du Droit Français, 4è éd, éditions Litec, Paris, 1999, 1021 p.

De même, le livre du Premier Avocat Général de la République, KATUALA KABA KASHALA et compagnie intitulé « Arrêts de principe et autres principales décisions de la Cour suprême de justice » nous a permis de faire état d'un bon nombre d'arrêts appliqués par la CSJ. Il n'est pas non plus nécessaire de citer ce livre dans le corps de cette étude pour l'aération, la beauté du texte et du style.

Les autres publications auxquelles nous nous sommes ponctuellement référés sont citées dans le corps de ce travail.

CHAPITRE I.

L'INTERET DES ADAGES

Il n'est pas rare d'entendre les hommes politiques, personnes ayant dans leurs fonctions la responsabilité du ministère de la parole et possèdent une certaine élévation de culture, ainsi que les avocats, lors de leurs discours, allocutions, sermons et plaidoiries, qu'ils agrémentent leurs propos par un recours spontané aux adages anglais, italiens, grecs, français et surtout latins.

Par ce recours aux adages, ces hommes lettrés, ces savants, cherchent à attirer à l'instar de Cicéron, l'attention de leurs interlocuteurs, voire la foule ou le public.

Outre cet objectif poursuivi par ces derniers, les initiés du prétoire, à savoir les avocats dans leurs plaidoiries, les magistrats du parquet dans leurs réquisitions, les juges dans leurs décisions judiciaires, font parfois aussi allusion aux adages, pour illustrer leurs propos ou décisions, ayant ainsi pour effet la clarté des raisonnements juridiques comme l'ont souligné Raymond GUILLIEN et Jean VINCENT.[6]

En effet, dans sa mission de dire le droit, il arrive au juge de se trouver dans des cas où il ne peut recourir ni à la loi ni à la coutume ni à la jurisprudence ni à la doctrine ni à l'équité. Que doit-il faire dans ces conditions ? Quelle attitude doit-il adopter ?

En pratique, les cours et tribunaux, les praticiens du droit se réfèrent à l'article 1er de l'ordonnance du 14 mai

---

[6] Raymond GUILLIEN et Jean VINCENT, Lexique des termes juridiques, 7ème édition Dalloz, Paris 1988, p. III.

1886 de l'Administrateur général du Congo, telle qu'approuvée par le décret du 12 novembre 1886 qui dispose : « Quand la matière n'est pas prévue par un décret, un arrêté ou une ordonnance déjà promulguée, les contestations qui sont de la compétence des tribunaux du Congo seront jugées d'après les coutumes locales, les principes généraux du droit et l'équité ».

Cependant, force est de constater malheureusement que cette ordonnance à laquelle les cours et tribunaux, les doctrinaires et praticiens du droit recourent habituellement est abrogée par l'article 199 du code de procédure civile selon le Bâtonnier MATADI NENGA. Pour lui, il faut recourir à l'article 116 du code de l'organisation et de la compétence judiciaires qui prévoit, en cas d'absence de coutume, que l'on recourt aux principes généraux du droit et à l'équité et non à un texte abrogé. [7]

Cette position du Bâtonnier MATADI NENGA n'est pas partagée par le professeur VUNDUAWE qui estime que ces deux textes sont toujours en vigueur.

---

[7] MATADI NENGA cité par KANGULUMBA MBAMBI V., Précis de droit civil des biens. Théorie générale des biens et spéciale des droits réels fonciers et immobiliers congolais, éd. Academia Bruylant, Louvain-la-Neuve, 2007, p. 36.
Lire aussi note du Bâtonnier MBUYI TSHIMBADI, Ordonnance de l'Administrateur général du Congo du 14 mai 1886 qui permet le recours aux principes généraux et à l'équité, est-elle encore d'application ?, in Les analyses juridiques, n°5/2005, Janvier-Février-Mars-Avril, Lubumbashi, pp. 62-64 ; KABALA MAPA MUTOMBO, L'ordonnance de l'Administrateur général au Congo du 14 mai 1886 est-elle encore d'application, in Les analyses juridiques, n°10/2006, Sept-Oct-Nov-Déc, Lubumbashi, pp. 56 et 57 ; KANGULUMBA MBAMBI, L'ordonnance du 14 mai 1886 est un ancêtre illégalement vénéré par la Cour Suprême de Justice, in Les analyses juridiques, n°10/2006, Sept-Oct-Nov-Déc, Lubumbashi, pp. 57-60.

En effet, en date du 14 mai 1886, deux ordonnances législatives approuvées par le décret du 12 novembre 1886 avaient été signées par l'Administrateur Général du Congo.

Ces ordonnances législatives comportaient toutes deux des règles judiciaires :

1°) la première portant « des principes à suivre dans les décisions judiciaires » ; notamment des règles relatives à l'application des coutumes locales, des principes généraux du droit à défaut d'un texte, et de l'équité ; et

2°) la seconde ordonnance portant « des règles relatives à la procédure civile ».

Cette dernière approuvée aussi par un décret du 12 novembre 1886, a été abrogée plus tard, en 1960, par le décret du 7 mars 1960, spécialement ses articles 199, 200 et 201. Ce décret est entré en vigueur à la date fixée au 15 mai 1960 par l'arrêté royal du 14 avril 1960.

Voilà pourquoi la première ordonnance de l'Administrateur général au Congo du 14 mai 1886, approuvée par le décret du Roi-Souverain du 12 novembre 1886, a toujours force de loi jusqu'aujourd'hui.[8]

L'argumentation soutenue par le professeur VUNDUAWE emporte notre conviction.

Néanmoins, dans tous les cas de figure, le législateur congolais ne ferme nullement la porte au juge

---

[8] VUNDUAWE te PEMAKO, « L'histoire constitutionnelle des actes ayant force de loi au Congo-Zaïre (1885-2005), in *Pour l'épanouissement de la pensée juridique congolaise*, Bruylant, Bruxelles, PUK , Kinshasa, 2006, p. 286.

de recourir à ces différentes sources du droit en l'occurrence les principes généraux du droit, car il ne lui est pas permis de commettre le déni de justice. Le code civil français en son article 4 va même très loin en décidant qu'il est interdit au juge, sous peine de déni de justice, de refuser de juger *« sous prétexte du silence, de l'obscurité ou de l'insuffisance de la loi »,…*[9]

En effet, le recours à cette source du droit se justifie parce que tel est le principe souvent admis dans le système romano-germanique en ce qui concerne les sources du droit.[10]

En ce qui concerne la notion de principes généraux du droit, dans son dictionnaire juridique, Bouvier déclare : « Par le terme principes généraux du droit, on entend des vérités ou des propositions tellement claires, qu'elles ne peuvent être prouvées ni contredites sauf par des propositions qui sont encore plus claires ».

Par contre, dans le journal colonial de 1936 à la page 23, à l'occasion de la sentence arbitrale du 11 décembre 1931, on a défini les principes généraux du droit comme étant « les conceptions dominantes dans les droits positifs nationaux les plus évolués ». [11]

Par ailleurs, les principes généraux du droit peuvent être définis comme des principes, des règles d'allure

---

[9] JEAN-FRANCOIS WEBER, La Cour de cassation, La documentation Française, Paris, 2010, p. 76.

[10] KANGULUMBA MBAMBI V., Précis de droit civil des biens. Théorie générale des biens et spéciale des droits réels fonciers et immobiliers congolais, éd. Academia Bruylant, Louvain-la-Neuve, 2007, p. 36.

[11] MUSHIGO-A-GAZANGA Gingombe (R), Les principes généraux du droit et leurs applications par la Cour Suprême de justice du Congo, éd. Academia Bruylant, Belgique, 2002, p. 21.

générale ou universelle qui permettent à un système juridique déterminé de combler les lacunes ou les insuffisances des sources principales du droit.[12]

Enfin, il reste à ce jour définitivement acquis que le recours aux principes généraux devra se faire suivant la méthode comparative, c'est-à-dire en recherchant les solutions juridiques universellement admises dans les droits des autres nations. C'est dans cette optique, affirme le Professeur KIFWABALA, qu'un grand nombre d'adages séculaires sont d'application courante et générale devant les institutions judiciaires congolaises.[13]

Cette position du Professeur KIFWABALA ne semble pas être partagée par Maître KALALA MUENA MPALA qui estime que les principes généraux du droit ne peuvent nullement être appliqués par la CSJ, en tant que juridiction de cassation, pour défaut de base légale, car en effet les articles 155 et 156 du COCJ ne prévoient ouverture à cassation que pour violation de la loi ou de la coutume[14].

L'argumentaire de Maître KALALA MUENA MPALA ne nous paraît pas convainquant à plus d'un titre. Pour le rencontrer, nous nous proposons de commenter de prime abord les définitions des principes généraux du droit formulées par G. CORNU et le Professeur VUNDUAWE

---

[12] E. LAMY cité par KANGULUMBA MBAMBI V., op. cit. p. 36.

[13] KIFWABALA TEKILAZAYA J.P, Droit civil congolais. Les personnes, Les Incapables, La Famille, Presses universitaires de Lubumbashi, Les analyses juridiques, Lubumbashi, 2008, p. 23.

[14] KALALA MUENA MPALA, Juridictions de droit commun siégeant en matière du travail : composition, compétence et saisine irrégulières. Moyens d'ordre public d'annulation et de cassation pour violation de la loi, Editions NATA, Kinshasa, septembre 2008, p. 69.

TE PEMAKO auxquelles il se réfère pour asseoir dans une certaine mesure sa position.

D'après Gérard Cornu, les principes généraux du droit sont des règles admises par la jurisprudence comme s'imposant à l'administration et à ses rapports avec les particuliers, **même sans texte, et ayant une valeur égale à celle de la loi**, de sorte que celle-ci peut y déroger et, au contraire, l'administration et le pouvoir réglementaire doivent les respecter.

En effet, il est arrivé à la Cour de cassation de ne viser aucun texte et de fonder expressément ses décisions sur un principe général de droit.

Ainsi a-t-elle consacré le principe selon lequel nul ne peut s'enrichir sans cause aux dépens d'autrui, la maxime fraus omnia corrumpit, le principe, traduit du latin, selon lequel l'enfant conçu est réputé né chaque fois qu'il y va de son intérêt et la maxime « Nul ne plaide par procureur ».

Et ce mouvement jurisprudentiel devient de plus en plus fort. Ainsi a-t-elle consacré, en l'espace de quelques mois, « le principe général du droit selon lequel l'exception de nullité est perpétuelle », « le principe général du droit selon lequel ce qui est réputé nul est censé n'avoir jamais existé », et « le principe général du droit selon lequel celui qui réclame le bénéfice d'un droit doit justifier de ses conditions d'application ».[15]

Dans le domaine spécifique de son enseignement, le Professeur Vunduawe Te Pemako qui en donne des exemples les (les principes généraux du droit) définit

---

[15] Jacques Boré et Louis Boré, La cassation en matière civile, 4è édition, Dalloz, Paris 2008, p. 256.

comme étant **un ensemble de règles de droit** reconnues par le législateur et **admis par la jurisprudence comme étant obligatoires**, non seulement pour l'Administration mais aussi dans les relations entre l'Administration et les particuliers, **et dont violation est sanctionnée par le juge.**[16]

De ces deux définitions et de la position de la Cour de cassation, il sied de retenir que les principes généraux du droit sont des règles admises même sans texte, par la jurisprudence et dont la violation est sanctionnée par le juge.

Dans l'hypothèse où il serait admis que les principes généraux du droit n'auraient pas de base légale en droit judiciaire congolais, ce qui n'est pas le cas, il y a lieu de reconnaître que ces principes existeraient par eux-mêmes en dépit de l'absence d'une loi qui les reconnaîtrait tel que G. Cornu vient de nous le faire savoir.

Il se trouve cependant, qu'en droit judiciaire congolais, cette base légale existe bel et bien. Il s'agit de l'ordonnance du 14 mai 1886 de l'Administrateur général du Congo, telle qu'approuvée par le décret du 12 novembre 1886 qui dispose : « Quand la matière n'est pas prévue par un décret, un arrêté ou une ordonnance déjà promulguée, les contestations qui sont de la compétence des tribunaux du Congo seront jugées d'après les coutumes locales, les principes généraux du droit et l'équité ». Cette ordonnance est toujours en vigueur comme l'a si bien démontré le Professeur VUNDUAWE, contrairement aux affirmations du Bâtonnier MATADI NENGA reprises précédemment.

---

16 VUNDUAWE te PEMAKO op.cit., pp. 69-70.

Outre cette reconnaissance légale, les principes généraux du droit ont été reconnus par la CSJ à travers son arrêt rendu sous RP 128 le 8 août 1975. En effet, la Haute Juridiction de la RDC avait décidé en ces termes : « L'article 1er de l'ordonnance du 14 mai 1886 formant le titre préliminaire du Code Civil constitue la base légale de la cassation d'une décision judiciaire pour violation d'un principe général du droit. »[17]

L'argumentation de Maître KALALA selon laquelle l'ordonnance du 14 mai 1886 de l'Administrateur général du Congo, telle qu'approuvée par le décret du 12 novembre 1886 serait inapplicable actuellement en considération de l'article 156 du COCJ et des articles 153 et 221 de la Constitution d'une part ; et la promulgation des règles en matières civiles et commerciales après cette ordonnance d'autre part, ne nous paraît pas justifiée.

En effet, Maître KALALA MUENA MPALA soutient que cette ordonnance législative est vidée de son objet et par conséquent inapplicable actuellement en raison de ce que d'une part l'article 116 alinéa 2 précité les réglementent depuis la mise en vigueur de cette disposition et d'autre part de ce qu'ils ne sont pas repris dans l'énumération de l'article 153 al 4 de la Constitution. Il ajoute en outre que cette ordonnance a été implicitement abrogée par l'article 221 de la Constitution.[18]

Il convient de souligner que l'article 116 du COCJ ne réglemente pas cette ordonnance. Pour s'en convaincre il nous paraît nécessaire de reprendre in extenso cet article

---

[17] DIBUNDA KABUINJI MPUMBUAMBUJI, Répertoire Général de Jurisprudence de la Cour Suprême de Justice 1969-1985, Editions connaissance et pratique du Droit Zaïrois « C.P.D.Z. », Kinshasa 1990, p. 28.

[18] KALALA MUENA MPALA, op. cit., p. 69-70.

qui dispose : « **Si une contestation doit être tranchée suivant la coutume**, les Cours et Tribunaux appliquent celle-ci, pour autant qu'elle soit conforme aux lois et à l'ordre public. En cas d'absence de coutume ou lorsque la coutume n'est pas conforme aux lois et à l'ordre public, **les Cours et Tribunaux s'inspirent des principes généraux du droit**. »

Cet article est restrictif dans la mesure où il parle du recours ou de l'inspiration aux principes généraux du droit en cas d'absence de **coutume** ou lorsque la coutume n'est pas conforme aux lois et à l'ordre public pour régler une contestation.
Par contre, l'ordonnance du 14 mai 1886 de l'Administrateur général du Congo, telle qu'approuvée par le décret du 12 novembre 1886, ordonne l'application des principes généraux du droit en cas d'absence non seulement de la **loi** au sens large mais également de la **coutume**. Et qui plus est, cette ordonnance a un champ plus vaste, car ne se cantonnant pas seulement aux contestations pouvant être tranchées suivant la coutume. Elle s'intéresse à toutes les affaires dont les résolutions ne proviendraient pas de la loi et de la coutume.

En ce qui concerne l'utilisation par le législateur du verbe « inspirer » et non « appliquer », nous pensons que, pour la beauté du style, le législateur a préféré varier les mots, car en stylistique il n'est pas agréable de faire usage plus d'une fois dans une phrase ou un paragraphe d'un même concept. Qu'à cela ne tienne, nous estimons que les Cours et Tribunaux s'inspirent des principes généraux du droit pour trancher un litige dont la résolution ne peut provenir de coutume pour les raisons évoquées antérieurement. En fin de compte, ces cours et tribunaux appliquent en réalité les principes généraux du droit, qui, rappelons-le, n'ont pas besoin d'être repris par la

Constitution pour leur existence comme explicité précédemment.

S'agissant de l'article 221 de la Constitution, il sied de relever que cet article n'a nullement abrogé cette ordonnance, qui, à notre entendement ne lui est pas contraire.

Toujours dans sa logique de démontrer la non application des principes généraux du droit, Maître KALALA fait, malencontreusement, recours à NKATA BAYOKO en ces termes « Soucieux de voir la Cour suprême de Justice bien fonctionner en respectant les limites des causes de cassation, l'éminent juriste NKATA BAYOKO dont l'étude a pour objectif d'amener le juriste à une meilleure acception et à une application orthodoxe des principes généraux du droit, nous a finalement révélé, dans chaque cas commenté par lui, que la violation des principes généraux du droit n'est pas un moyen recevable en cassation.

Il a, dans sa réflexion, brillamment démontré qu'au lieu d'invoquer les principes généraux du droit, pour casser l'œuvre déférée devant elle, la Cour suprême aurait dû s'appuyer sur les dispositions légales violées ». [19]

Il nous paraît nécessaire de faire observer que Maître KALALA MUENA MPALA ne fait pas un commentaire judicieux des écrits du Premier Avocat Général de la République, NKATA BAYOKO. Dans l'enchainement de ses idées, ce dernier procède d'abord par la définition des principes généraux du droit en ces termes « En combinant l'intervention toute remarquable et décisive de Sohier avec l'ordonnance du 14 mai 1886, nous pouvons définir les principes généraux du droit comme règles (principes) de

---

[19] KALALA MUENA MPALA, op. cit., p. 71.

droit non écrites, dérivant de l'esprit des lois et des principes auxquels obéit généralement le législateur, lesquelles règles s'appliquent aux contestations en l'absence de textes des lois régissant la matière ».[20]

Il poursuit en relevant qu'un moyen de cassation qui invoque dans un même reproche cumulativement la violation d'un principe général du droit et la violation d'un texte légal (contenant le même principe général du droit) sera irrecevable en tant qu'il invoque la violation d'un principe général de droit.[21]

Il ressort des écrits de Monsieur NKATA BAYOKO que, contrairement à la position de Maître KALALA, les principes généraux du droit ont une assise légale en droit congolais et sont dès lors d'application en cas d'absence de textes des lois régissant une matière.

Cependant, il faut reconnaître que Monsieur NKATA BAYOKO soutient qu'un moyen invoquant au même moment un principe général de droit et la violation d'un texte légal sera irrecevable.

Nous ne partageons pas cette position, en prenant appui sur les explications fournies par Claude Parmentier parlant des maximes et adages juridiques en ces termes : « Issus souvent de la tradition latine, ils (maximes et adages juridiques) énoncent, sous une forme lapidaire, une sentence morale ou un fait d'expérience (G. Cornu (dir.) Vocabulaire juridique, 7e éd., P.U.F., 1998, pp. 25 et 581). La violation d'une maxime ou d'un adage ne donne pas ouverture à cassation, à moins qu'il ne soit consacré par une disposition légale (Cass., 2 décembre 2002, Pas., 2002, n° 646 ; 25 février 1991, I, n° 344) ou qu'il soit

---

[20] NKATA BAYOKO, De la violation des principes généraux du droit, Moyen de cassation, Editions Kinsel, p.16.

[21] NKATA BAYOKO, op. cit., p. 19.

élevé au rang de principe général de droit. Tel est le cas, par exemple, de l'adage « Fraus omnia corrumpit » (Cass., 14 novembre 2005, Pas., 2005, n° 592 : 19 mars 2004, n° 157). »[22]

Pour donner ouverture à cassation, Claude Parmentier soutient, avec raison, que l'adage doit être consacré par une disposition légale ou élevé au rang de principe général du droit.

Il est dès lors logique que et le principe général du droit et la disposition légale soient tous les deux évoqués dans l'objectif d'obtenir la cassation d'une décision judiciaire rendue par le juge de fond. Et d'ailleurs il en va pour la beauté et l'enrichissement de l'argumentation.

Soutenir que les principes généraux du droit ne peuvent pas être appliqués en droit congolais pour absence de fondement légal ou ne doivent pas être utilisés par le juge de cassation, c'est pousser le juge congolais à faire preuve de l'arbitraire ou de déni de justice, car devant le silence de la loi, la jurisprudence et la coutume, que doit-il faire ? Doit-il se fier à son imagination ou laisser le litige lui soumis à l'état ? Il va sans dire que les principes généraux du droit sont nécessaires dans le système judiciaire congolais et le juge congolais de la Haute Cour tout comme celui de juridiction de fond, se comportent conformément à la loi en appliquant les principes généraux du droit, qui au stade actuel restent indispensables au regard de certains litiges.

---

[22] Claude Parmentier, Comprendre la technique de cassation, Editions Larcier, Bruxelles, p. 48.

Dès lors, quoi de plus raisonnable que de recourir aux adages en cas de besoin. Et ces besoins il faut le reconnaître sont multiples.

Que dire de l'article 227 de la loi n° 73-021 du 20 juillet 1973, tel que modifiée et complétée par la loi du 18 juillet 1980 portant régime général des biens, régime foncier et immobilier et régime des sûretés, qui décide que le certificat d'enregistrement est inattaquable après deux ans d'existence et ce à partir de son établissement ; peu importe que le spolié ait été ou pas au courant de la délivrance de ce titre de propriété au profit du spoliateur ?

C'est sur base de cette formulation légale, que certaines personnes crient, avec raison, au scandale de la loi. Est-il normal que la loi avalise la spoliation d'un paisible citoyen de son immeuble qui passerait, à son insu, au patrimoine du spoliateur et ce par la magie de l'établissement frauduleux d'un certificat d'enregistrement qui ne peut plus être attaqué après ce délai de deux ans ? La loi prévoit-elle une voie de sortie au spolié animé par la ferme volonté de récupérer son immeuble ?

La réponse à cette question ne trouve pas de solution dans la loi, mais par contre, les principes généraux de droit, provenant dans leur majorité des adages, peuvent nous aider à trouver des remèdes.

En effet, l'adage latin « contra non valentem agere non currit praescriptio » ou « non valenti agere non currit praescriptio » (= la prescription ne court pas contre celui qui ne peut agir) s'avère être une voie de sortie. D'après cet adage la prescription est suspendue à l'égard de toute personne qui a été dans l'impossibilité d'agir.

Comme nous avons eu à le dire dans notre livre intitulé « *les limites du principe d'inattaquabilité du certificat d'enregistrement en droit congolais »*, l'établissement du certificat d'enregistrement au profit du spoliateur se fait toujours à l'insu du véritable « propriétaire ». Celui-ci est souvent informé de sa dépossession après l'écoulement du délai de deux ans.

Même si la loi fait courir ce délai à partir de l'établissement de ce titre de propriété, nous estimons que le spolié peut recourir à cet adage pour garantir ses droits. Aussi, le spolié pourra-t-il initier une action en rétrocession après ce délai de deux ans, en se fondant sur cet adage latin.

Il appartiendra aux cours et tribunaux d'appliquer ce principe, quand bien même il irait à l'encontre de la loi, car ils ont entre autres pour mission de bonifier, d'humaniser, de faire évoluer le droit.

Parlant des conceptions de la cour de cassation, Yves Chartier pense qu'étant au sommet de la hiérarchie judiciaire et sans risque d'être contredite, la cour de cassation pouvait librement faire évoluer le droit, quitte à se mettre en contradiction avec les textes parce qu'ils n'auraient plus répondu à l'opinion qu'elle se serait faite de l'air du temps.[23] Abondant dans le même sens Jean François Weber soutient « Hormis les cas où la loi est si claire et précise qu'il suffit de l'appliquer, le juge doit, souvent, se livrer à un travail d'analyse du sens et de la portée de la règle abstraite pour en déduire une application concrète au litige dont il est saisi. *Parfois aussi, il doit suppléer le silence de la loi, lorsqu'elle est incomplète ou inadaptée aux évolutions de la société*.[24]

---

[23] Yves CHARTIER, *la cour de cassation*, 2e éd, Dalloz, Paris, 2001, p. 6.

[24] JEAN FRANCOIS WEBER, op. cit., p. 7.

Pour sa part, Ruffin MUSHIGO, parlant des biens abandonnés tels que réglementés par l'ordonnance n° 74-152 du 02 juillet 1974, relative aux biens abandonnés ou non mis en valeur et aux autres biens acquis à l'Etat par l'effet de la loi, abrogée par l'ordonnance n° 84-026 du 02 février 1984, soutient que « normalement, *les cours et tribunaux devraient refuser d'appliquer des lois si mauvaises, parce que les propriétaires de ces biens se voient brutalement dépouillés.* »[25]

C'est en agissant de la sorte, que les tribunaux, sans sortir de leur rôle d'interprètes, cherchant dans les textes de code ou, à défaut, dans les principes généraux qui les dominent, les motifs de leurs jugements, (les tribunaux) créent peu à peu un corps de droit, une doctrine qui complète, enrichit, amende l'œuvre législative. Sans cet apport constant, sans ce rajeunissement incessant, les lois vieilliraient et se dessécheraient. Elles n'échappent à la décrépitude que par cette végétation complémentaire que leur apporte cette adaptation quotidienne aux besoins de commerce juridique.[26]

Que dire d'un agent suspendu ou révoqué sans ménagement, sans être entendu. Pour ce *cas* l'adage latin « audi alteram partem » (=écoute l'autre partie) peut être exploité par cet agent. Selon cet adage, pour juger avec impartialité, il faut entendre la défense après l'accusation.

Il est inconcevable qu'un agent écope d'une suspension, d'une révocation, sans qu'il n'ait eu

[25] MUSHIGO-A-GAZANGA GINGOMBE (R), *Le contentieux administratif dans le système juridique de la République Démocratique du Congo*, Bruylant–Academia S.A, Louvain-la Neuve, p. 200.

[26] MUSHIGO-A-GAZANGA GINGOMBE (R), *Le contentieux administratif dans le système juridique de la République Démocratique du Congo*, op. cit., p. 103.

l'occasion de présenter ses moyens de défense comme ce fut le cas du Professeur Dieudonné KALINDYE BYANJIRA qui a été démis, en date du 22 juin 2007, de ses fonctions de Recteur du CIDEP-UNIVERSITE OUVERTE par le Ministre de l'Enseignement Supérieur et Universitaire, Son Excellence Monsieur Sylvain NGABU CHUMU, sans qu'il n'ait été entendu et sans qu'aucune action disciplinaire n'ait été ouverte à sa charge.[27] Le droit d'être entendu, comme le souligne Ruffin MUSHIGO, constitue l'expression la plus élémentaire du droit de la défense et il est élevé au rang de principe général de droit indépendamment du domaine dans lequel il intervient.[28]

Que dire de la condamnation d'un prévenu au premier degré, dont la peine a été aggravée au degré d'appel à la suite de son recours ? A ce sujet, l'adage latin « reformatio in pejus » (= le sort de l'appelant ne peut être aggravé sur son seul appel) peut être évoqué par le prévenu en vue de se voir appliquer la peine égale ou inférieure à celle prononcée par le premier juge.

Que dire au sujet d'autant d'autres cas, très nombreux dont les remèdes aux différents problèmes juridiques peuvent être puisés dans les adages ? C'est dire combien les adages sont importants et précieux pour les justiciables ou pour toute personne qui s'intéresse à la justice.

---

[27] Le professeur Dieudonné KALINDYE BYANJIRA avait introduit une action devant la CSJ pour solliciter l'annulation de la décision du Ministre. Dans son avis le PGR a demandé à la CSJ d'annuler les arrêtés portant respectivement suspension et démission du professeur Dieudonné KALINDYE BYANJIRA. Cette affaire sous RA 983 est encore pendante devant la CSJ.

[28] MUSHIGO-A-GAZANGA GINGOMBE, *Le contentieux...* op. cit., p. 24.

Ils sont également précieux pour le monde politique dans la mesure où il fait état des maximes, des locutions qui interpellent l'homme politique, qui l'invitent à la prudence, à la sagesse, à l'action, à la fermeté,…

Que dire de l'adage « cedant arma togae » (= que les armes cèdent à la toge), adage exprimant que le gouvernement militaire, représenté par les armes, par l'épée, doit faire place au gouvernement civil, représenté par la toge.

En effet, il est recommandé aux militaires et aux dictateurs de tout bord qui détiennent encore les rennes du pouvoir de le céder au peuple pour que règne à jamais la démocratie.

Que dire de l'adage « aura popularis » (= le souffle populaire) qui exprime l'inconstance de la faveur populaire. Un homme politique ne doit pas être aveuglé par les applaudissements de la population car ils sont souvent éphémères. Il doit par contre faire siens les adages « res non verba » (= des réalités, non des mots) et « carpent tua poma nepotes » (= tes petits fils cueilleront les fruits).

Le premier adage lui demande de laisser des traces illustres. La population a besoin des actes et non des paroles, de discours ; car ne dit-on pas que « l'enfer est pavé de bonnes intentions » pour dire que les bonnes intentions ne suffisent pas si elles ne sont pas réalisées ou n'aboutissent pas à des résultats. Par contre, le second l'invite à penser à la progéniture, aux générations futures. Il est appelé à bannir l'esprit d'égocentrisme. Bref, un grand homme doit savoir laisser des traces positives, tel que chanté par l'artiste KASONGO de la province de Bandundu en République Démocratique du Congo.

En appliquant ces deux adages, le nom de cet homme politique restera gravé dans l'histoire de son pays et sera à jamais révéré.

Que dire... L'homme politique est suffisamment servi. Penser à la célèbre phrase de César « alea jacta est » (=le sort en est jeté), expression incitant l'homme politique à la fermeté, à prendre des décisions hardies et importantes pour le bien de son peuple.

Sur la liste des bénéficiaires des adages, le religieux n'est pas en reste, le commun des mortels, non plus et l'écrivain pas encore le moins.

Tout le monde puisera dans les adages, une expression qui, sans doute, contribuera à l'épanouissement de son être.

Que dire… si ce n'est de démontrer par illustration l'importance des adages pour le monde judiciaire, notamment les juges appelés à dire le droit, à départager les justiciables parfois dans des conditions délicates liées à l'absence de principe de solution au niveau de la loi, de la jurisprudence, de la coutume et de la doctrine.

En effet, il est arrivé à la Cour de cassation de ne viser aucun texte et de fonder expressément ses décisions sur un principe général du droit.

Ainsi a-t-elle consacré le principe selon lequel nul ne peut s'enrichir sans cause aux dépens d'autrui, la maxime fraus omnia corrumpit, le principe traduit du latin, selon lequel l'enfant conçu est réputé né chaque fois qu'il y va de son intérêt et la maxime « Nul ne plaide par procureur ». Et ce mouvement jurisprudentiel devient de plus en plus fort. Ainsi a-t-elle consacré, en l'espace de quelques mois, « le principe selon lequel l'exception de nullité est perpétuelle » « le principe général du droit selon lequel ce qui est réputé nul est censé n'avoir jamais existé », et « le principe général du droit selon lequel celui qui réclame le bénéfice d'un droit doit justifier de ses conditions d'application ».[29]

[29] Jacques Boré et Louis Boré, La cassation en matière civile, 4è éd, Dalloz, Paris, juin 2008, p. 256.

CHAPITRE II

L'ILLUSTRATION DE L'EMPLOI DES ADAGES PAR LA COUR DE CASSATION

Ce point est consacré à l'examen des adages par leur traduction et commentaire, et leur illustration à travers les arrêts de la Cour de cassation. Ces arrêts feront l'objet de nos observations. Dans le cadre de nos recherches nous avons répertorié vingt deux adages abondamment utilisés par la Cour de cassation ; il n'est cependant pas exclu que d'autres adages soient usités par la Cour de cassation, comme il sera démontré au troisième point.

1. Actio de in reus verso

a) Traduction de l'adage : Nul ne peut s'enrichir injustement aux dépens d'autrui, que celui qui se trouve appauvri sans cause, a droit à une restitution.
b) Commentaire de l'adage.

L'enrichissement sans cause n'est pas réglementé par le Code civil. Il s'agit d'une source d'obligation consacrée par la jurisprudence. Il est fondé sur ce principe général d'équité qui vient du droit romain et dont l'existence n'a pas été mise en doute par notre droit : « Nul ne peut s'enrichir sans cause aux dépens d'autrui ».

La jurisprudence accorde à la tierce personne aux dépens de laquelle on s'est enrichi, une action, l'action dite *de in rem verso* tendant à obtenir une indemnité relative à l'enrichissement procuré.

Le fondement de ce principe général est encore discuté aujourd'hui, car il est en élaboration.

Nous en trouvons des applications chez nous notamment dans les articles 23, 24 et 25 de la loi portant régime général des biens, les articles 252 et s, (le paiement de l'indu), 311 et 312, 349, 510 et 609 du Code civil, livre III. Ces cas particulièrement visés par le législateur concernent ainsi l'empiétement, l'accession, les impenses, les récompenses dans la communauté des biens, la répartition de l'indu.

Il est concevable qu'en dehors de ces dispositions légales, ce principe s'applique à d'autres hypothèses encore. Mais pour éviter toutefois que cette théorie ne soit trop générale, la jurisprudence s'est efforcée d'en limiter les conditions.[30]

c) Illustration

CSJ, 29/12/1993, RC 014/TSR, aff. NTUMBA KABEYA MULUMBA c/ PUTELA BASHINGO

Viole les articles 1er de l'ordonnance du 14 mai 1886 consacrant les principes généraux du droit, notamment celui qui veut que nul ne puisse s'enrichir au détriment d'autrui et 252 du code civil congolais, livre III, et son œuvre encourt cassation partielle avec renvoi, le juge d'appel auquel il est reproché d'avoir déclaré les versements faits par le demandeur acquis à la défenderesse, alors que cette dernière devait les restituer au demandeur, car effectués après la résolution du compromis de vente, étant donné que pour le juge ces

---

[30] KALONGO MBIKAYI, Droit civil, Tome I. Les obligations, Editions Centre de Recherche et de Diffusion Juridiques, Kinshasa, p. 257.

versements furent effectués sur base d'un contrat inexistant au moment du paiement.[31]

2. Audi alteram partem

a) Traduction de l'adage : Entends l'autre partie ;
b) Commentaire de l'adage.

(Fondamentalement, l'adage ne fait qu'exprimer – dans sa conséquence immédiate et impérative – le devoir d'impartialité qui s'impose à tout juge ; à n'entendre qu'une cloche, il n'entend qu'un son et s'expose à méjuger. Thémis n'est-elle pas représentée un bandeau sur les yeux et une balance dans la main ? Sénèque écrivait déjà (Médée II, 200-202) quicumque aliquid statuerit parte inaudita altera aequum licet statuerit haud aequus fecerit qui, sans entendre l'autre partie, a statué dans le sens de l'équité n'en a pas moins statué contre l'équité).

Positivement, l'adage débouche sur le principe du contradictoire (droits de la défense) qui gouverne toutes les procédures et veut que nul ne soit condamné sans avoir été entendu ou, du moins, mis à même de présenter sa défense.

En d'autres, termes pour juger avec impartialité, il faut entendre la défense après l'accusation. Ainsi que l'arrêté d'organisation judiciaire du 20/08/1979 portant règlement d'ordre intérieur des parquets, cours et tribunaux assure le respect du principe du contradictoire en stipulant à son article 29 que : « Autant que possible, les conclusions sont écrites et communiquées entre parties ou leurs mandataires, soit directement, soit par voie du

[31] Bulletin des arrêts de la Cour Suprême de Justice, Années 1990 à 1999, Tome I, Editions du Service de Documentation et d'Etudes du Ministère de la Justice, Kinshasa, 2003, p. 97.

greffe avec les pièces dont elles comptent faire usage au moins trois jours avant l'audience où la cause sera appelée ».

Ce principe du contradictoire est aussi observé en matière pénale. En effet, le même règlement intérieur dispose à son article 48 al 1,2 et 3 : « Les citations directes sont communiquées au ministère public le jour où elles sont signifiées aux parties citées. Les pièces dont il est fait usage lui sont communiquées au plus tard trois jours avant la date d'audience. Les parties citées directement peuvent prendre connaissance du dossier au greffe où il doit être déposé par la partie citante.

Pour leur part, la constitution du 18 février 2006 tel que modifiée à ce jour, les codes de procédure pénale et civile assurent également le principe du contradictoire.

La cour de justice des communautés européennes « C.J.C.E. » a affirmé à plusieurs reprises que le respect des droits de la défense dans toute procédure ouverte à l'encontre d'une personne susceptible d'aboutir à un acte faisant grief à celle-ci, constitue un principe fondamental de droit et doit être assuré même en l'absence de toute réglementation concernant la procédure en cause.

C'est-à-dire que le respect des droits de la défense est empreint d'un dynamisme et d'un potentiel d'évolution remarquables. Même en matière disciplinaire, le respect des droits de la défense s'impose de manière d'autant plus rigoureuse que la procédure risque d'aboutir à des sanctions particulièrement graves ; en vertu de ce principe, le droit de l'agent de se faire assister d'un conseil doit être garanti.[32]

[32] Mushigo-A-Gazanga Gingombe (R), Les principes…, op.cit., p. 75

Par ailleurs, selon Vizio : « Le principe de la contradiction constitue la garantie d'une élémentaire justice ». Il est un principe naturel de l'instance que chaque partie soit en mesure de discuter les prétentions, les arguments et les preuves de son adversaire.

Les principes de la contradiction assurent à la fois la sauvegarde des intérêts du défendeur et les profits du demandeur.

Le principe du contradictoire est essentiel pour que chacune des parties ait la liberté d'attaquer et de se défendre, la possibilité de connaître et de discuter les documents produits, les témoignages déposés, d'assister à certaines procédures de preuve telles que l'enquête ou l'expertise.

Le juge a non seulement l'obligation de faire respecter le principe du contradictoire, mais encore il doit l'observer lui-même. Les parties sont ainsi protégées non seulement contre les manœuvres de l'adversaire, mais aussi contre la négligence ou la partialité du juge.[33]

c) Illustration de l'adage

c.1. CSJ, 16 juin 1981, RPA 150, aff. M.P. et LUKULA c/ MBOMBA et csrt

Viole les droits de la défense, le juge qui condamne, pour extorsion, les prévenus qui étaient poursuivis pour vol qualifié, lorsque ceux-ci n'ont été ni entendus sur ces faits ni instruits de leur droit de réclamer une nouvelle citation ou d'y renoncer expressément pour comparaître volontairement.

---

[33] Mushigo-A-Gazanga Gingombe (R), Les principes…, op.cit., pp. 52-53.

c.2. CSJ, 26 mai 1981, RPA 70, aff. M.P. c/ SOMANZA et csrt

Viole les droits de la défense, le juge qui scinde l'infraction originaire en deux, le prévenu n'ayant pas pu se défendre sur la nouvelle prévention.

c.3. CSJ, 2 novembre 1990, RPA 236, aff. PANZU MAVINGA et KANDI c/ B.Z., RAJZ 1996, p. 40

Viole les droits de la défense et, partant, les articles 15 alinéa 3 de la Constitution et 7 point 1 literas b et c de la Charte Africaine des droits de l'Homme et des Peuples et sa décision sera annulée, le Vice Gouverneur de la Banque du Zaïre, autorité de tutelle, qui suspend de leurs fonctions respectives le Président et le Secrétaire du Conseil d'Administration d'une coopérative d'épargne et de crédit, sans que ces derniers ne soient préalablement entendus par les enquêteurs.

d) Observation

Il y a lieu de noter que dans ces trois arrêts, la CSJ désapprouve la position du juge de fond qui ne donne pas l'occasion au prévenu de se défendre sur les infractions qui lui sont reprochées. Quand bien même la CSJ ne reprend pas expressis verbis cet adage, il est aisé de comprendre que les termes de cet adage ont bel et bien été violés par le juge de fond.

En outre, pour démontrer cette violation, la CSJ recourt à la Charte Africaine de Droits de l'Homme et des Peuples qui décide à son article 7 que toute personne a droit à ce que sa cause soit entendue. Dans le cas d'espèce, le juge du fond n'a pas pris soin d'écouter l'autre son de cloche. Il est donc idoine que la CSJ ait cassé sa décision.

3. Composition régulière du siège

a) Commentaire du principe

Il s'agit du principe général du droit selon lequel, « En vertu de l'ordonnance du 14 mai 1886, approuvée par le décret du 12 novembre 1886, une décision judiciaire ne peut être rendue que par les juges qui ont assisté à toute l'instruction de la cause, tant dans l'intérêt des parties que celui d'une bonne justice ».

On distingue deux sortes de composition irrégulière de siège : la composition irrégulière du siège relative et la composition irrégulière du siège absolue.

Dans le premier cas, c'est lorsque le juge viole le principe du contradictoire, c'est-à-dire quand les parties n'ont pas eu l'occasion de prendre réellement connaissance du résumé de leurs déclarations antérieures, afin de vérifier, au besoin, si elles ont été correctement rapportées par le greffier.

Cette composition irrégulière de siège relative s'oppose à la composition irrégulière absolue caractérisée par le fait que le siège a procédé à un changement dans sa composition, sans nullement se préoccuper d'appeler les parties à prendre part à l'audience au cours de laquelle ce changement devrait s'opérer ; il y a en ce cas, violation et du principe du contradictoire et des droits de la défense.

Selon BAYONA BAMEYA MUNA KIMVIMBA, « Les deux violations, composition irrégulière relative ou absolue aboutissent à la même sanction qui est la cassation ; néanmoins, demeure une différence fondamentale dans la formulation de l'injonction qui est faite à la juridiction de renvoi, laquelle se verra invitée à accomplir plus de devoirs judiciaires en cas de composition irrégulière absolue ».[34]

b) Illustration du principe

b.1. CSJ, 7 octobre 1980, RP 338, aff. BIBI KABONG c/ MP et KIVUVU

Est fondé et entraine cassation de la décision attaquée, le moyen tiré de la violation du principe général du droit en ce que la décision attaquée a été rendue par les juges qui n'ont pas pris part à l'instruction de la cause.

b.2. CSJ, 13 octobre 1981, RP 388, aff. MVUEMBA c/ MP et MPEMBI ; CSJ, 10 novembre 1987, RP 738 aff. KAZADI c/ MP et MBAYA CSJ, 26 avril 1988, RP 695, aff. FWAMBA c/ MP et KAFUNDA

Est fondé et entraine cassation du jugement attaqué, le moyen tiré de la violation de l'article 1 de l'ordonnance du 14.5.1886 en ce qu'il a été rendu par les juges qui n'ont pas participé à toute l'instruction de la cause.

b.3. CSJ, 20/3/1975, RC 103, Bull. 1976, p. 109

Même si la loi congolaise (zaïroise) ne le prévoit pas expressément, il est admis comme principe général du droit qu'une décision judiciaire ne peut être rendue que par les juges qui ont assisté à toute l'instruction de la cause, tant dans l'intérêt des parties elles-mêmes que dans celui d'une bonne justice.[35]

---

[34] Ruffin MUSHIGO A GAZANGA Gingombe, Les principes généraux du droit et leurs applications par la Cour suprême de justice du Congo, Bruylant Academia, Bruxelles, pp. 53 et 54.

[35] DIBUNDA KABUINJI MPUMBUAMBUJI, Répertoire Général de Jurisprudence de la Cour Suprême de Justice 1969-1985, Editions

b.4. CSJ, 27/2/1980, RC 302, aff. BASAYA c/ N'DONTONI

Viole l'article 1er de l'ordonnance du 14 mai 1886 consacrant le principe général du droit qui veut qu'une décision judiciaire soit rendue par les membres qui ont pris part à toute l'instruction de la cause et doit être cassé totalement, l'arrêt rendu par une juridiction qui n'a ni rouvert les débats ni repris l'instruction de la cause après le changement intervenu dans la composition du siège.[36]

b.5. CSJ, audience publique du 13 août 1985, RP 476, aff. TSHILUMBA c MP et NKALA SUKAMA

N'est pas fondé, le moyen tiré de la composition irrégulière du siège, en ce que la décision entreprise a confirmé le jugement rendu par un juge ayant ordonné la réouverture des débats sans faire acter le résumé des débats antérieurs, alors que toutes les feuilles d'audience renseignent que la cause a été instruite par le même juge jusqu'au prononcé.[37]

c) Observation

La position de la CSJ est valablement justifiée dans les quatre premiers arrêts car il est inconcevable que les juges qui n'ont pas pris part au débat judiciaire puissent se prononcer sur une affaire dont ils ignorent les moyens de droit développés par les parties.

---

connaissance et pratique du Droit Zaïrois « C.P.D.Z. », Kinshasa 1990, p. 181.

[36] Bulletin des arrêts de la CSJ, Années 1980 à 1984, Editions du Service de Documentation et d'Etudes du Ministère de la Justice et des Affaires Parlementaires, 2001, Kinshasa, p. 17.

[37] Bulletin des arrêts de la Cour Suprême de Justice, Années 1985 à 1989, Editions du Service de Documentation d'Etudes du Ministère de la Justice et Garde des Sceaux, Kinshasa, 2002, p. 47.

Par ailleurs, les parties au procès ont également intérêt que la réouverture des débats ait lieu en cas de changement de composition du siège afin qu'elles confirment ou réforment leurs moyens de droit à l'attention de la nouvelle composition.

Quant au cinquième arrêt, nous estimons que la CSJ a raison d'avoir rejeté la requête de pourvoi en cassation dans la mesure où le juge ayant ordonné la réouverture des débats a repris ab ovo toute l'instruction.

4. Da mihi factum, dabo tibi jus

a) Traduction de l'adage : Donne-moi le fait, je te donnerai le droit ;
b) Commentaire de l'adage.

De nos jours, cet adage revêt une toute autre signification pour cette raison que tout droit subjectif peut être, de principe, déduit en justice du seul fait de son existence : pas de droit, pas d'action. Elle traduit, à travers une opposition du fait et du droit, le rôle respectif des parties et du juge dans le déroulement des procès de droit privé : aux plaideurs de fournir les éléments concrets de la cause, au juge de dégager la règle de droit applicable à l'espèce.

En effet, il est un principe que toute personne a libre accès au prétoire et chacun peut formuler une demande en justice, aussi fantaisiste soit-elle.

Au demeurant, les personnes physiques ou morales ne sont tenues qu'à relater les faits, circonscrire les évènements tel qu'ils se sont déroulés. Et la mission du juge, c'est de dire le droit. Autrement dit, les parties au procès ne se limitent qu'à faire valoir leurs prétentions sans pour autant en déduire le droit applicable. Il appartient au juge de rechercher le droit applicable en vue de départager les parties litigantes.

c) Illustration

c.1. CSJ, 28 octobre 1980, aff. KABATA BALOJI c/ MP et BALOJI NKASHAMA

En matière répressive, l'erreur ou la carence d'indiquer le texte légal dont la violation est invoquée n'est pas sanctionnée par l'irrecevabilité du moyen comme matière de droit privé. Ce moyen sera par conséquent accueilli, mais en le rattachant aux dispositions légales appropriées.

c.2. CSJ, 6 août 1982, RP 310, aff. PUNGU SHENGO c/ MP et BAMBI PUNGU

En matière répressive, l'erreur ou la carence d'indiquer le texte législatif dont la violation est invoquée n'est pas sanctionnée par l'irrecevabilité de la requête.

d) Observation

L'adage Da mihi factum, dabo tibi jus ne s'applique pas seulement en matière pénale, les justiciables peuvent aussi y recourir en matière civile. Cet adage permet aux justiciables, sans se préoccuper du texte applicable, d'exprimer leurs préoccupations au juge en relatant les faits pour que ce dernier tranche le litige qui lui est soumis. Normalement, les justiciables ne sont pas obligés d'indiquer le texte de loi qui fondent leurs prétentions, seuls les faits suffisent. Il appartient au juge de confronter ces faits au droit en vue de rendre sa décision fondée sur le droit.

Toutefois, il y a lieu de relever que si les parties, dans les actes judiciaires, indiquent les moyens de droit et même les références de la loi, jurisprudences et autres sources de droit, elles contribuent à aider le juge à dire le bon droit, d'autant plus que constitue un moyen de cassation appliqué par la CSJ, le fait pour un juge de ne pas motiver sa décision ou de la motiver de manière insuffisante ou erronée.

Par ailleurs, en cas de pourvoi en cassation, les parties sont appelées à indiquer les références des lois ou principes violés par les juges du fond. Là, cet adage semble trouver un tempérament.

C'est donc en bon droit que la CSJ a rendu les arrêts précités quand bien même elle n'a pas repris expressément l'adage « Da mihi factum, dabo tibi jus ».

5. Electa una via, non datur recursus ad alteram

a) Traduction de l'adage : Une voie ayant été choisie, on ne peut faire marche arrière pour en choisir une autre ;
b) Commentaire de l'adage.

Cet adage interdit à toute partie qui a fait libre choix d'emprunter une voie donnée en saisissant le juge, de revenir en justice, par une autre voie, après que la première aura abouti à une décision judiciaire irrévocable.

En effet, des voies multiples qui s'offrent à une partie pour obtenir justice : civile et pénale principalement, on ne peut pas recourir maladroitement à l'une puis à l'autre.

Autrement dit, cet adage permet de conseiller aux plaideurs de faire bon usage de la justice en choisissant la voie appropriée, par l'introduction de l'action civile ou pénale, mais pas l'une puis l'autre, et surtout lorsque la première a échoué. Ceci équivaudrait à une sorte d'abus de droit.

L'adage n'est applicable que si la première voie a abouti à une décision coulée en force de chose jugée, sinon, si le procès est encore en cours, on peut changer de voie. Dans ce cas s'il y a des causes civile et pénale, il sera sursis à l'affaire civile en application d'un autre adage « le criminel tient le civil en état ».

Par ailleurs, en vertu du fait que l'adage requiert l'identité de la cause dans les deux procès, l'adage n'est pas applicable lorsque le second procès vise une demande ayant une cause distincte. C'est le cas d'une partie qui a été déclarée propriétaire d'un immeuble dans un premier procès civil, qui saisit à bon droit le juge pénal pour occupation illégale dans le chef de son adversaire ou à l'inverse la partie qui a gagné un procès pénal contre son adversaire condamné pour faux, usage de faux, occupation illégale ou stellionat, qui saisit le juge civil pour obtenir son déguerpissement et ou des dommages intérêts. Dans ces cas, la seconde action est recevable, son objet étant différent de la première.

Pour Emile LAMY, Cette maxime n'est pas consacrée dans notre législation par un texte spécial. Elle exige comme condition une triple identité (des parties lésées et prévenus), de cause (faits précis infractionnels) et d'objet (dommage). En France, la jurisprudence, contrairement à la tradition, a décidé que la partie lésée n'a fait une option irrévocable que si elle a choisi la voie pénale, elle peut (à condition bien entendu que la juridiction pénale n'ait pas déjà statué au fond) se désister et prendre la voie civile ; le changement, dit-on parfois, ne peut être que favorable à l'inculpé qui sera poursuivi par une voie plus douce. [38]

[38] Emile LAMY, « L'action civile d'office et les problèmes d'application qu'elle pose (article 114 de l'ordonnance-loi du 10

Cette jurisprudence est malheureusement suivie par nos cours et tribunaux. Interdire à la partie lésée de saisir le juge pénal après qu'il aura opéré le choix de la voie civile, c'est consacrer l'impunité des malfaiteurs. La raison évoquée pour préserver le « hors la loi » de poursuite pénale, serait justifiée par le changement de la voie civile à celle pénale, celle-ci étant défavorable au malfaiteur.

Cet adage a-t-il réellement pris en compte les intérêts de l'Etat, appelé à appliquer une politique criminelle tendant à décourager la commission des infractions, l'intérêt de la partie lésée, qui peut s'agir d'une femme violée ou victime de violence sexuelle, d'une personne victime de vol, d'escroquerie, d'abus de confiance… ?

Au regard de la justification pour l'application de cet adage, il y a lieu de constater que les intérêts de l'Etat moins encore ceux de la partie lésée n'ont pas été pris en compte. Par contre, l'adage « Electa una via, non datur recursus ad alteram » tend à protéger les intérêts du malfaiteur en le soustrayant de la répression pénale.

Or tel ne peut être l'objectif ni de la loi, ni de la coutume moins encore des adages. A ces jours les Etats et la communauté internationale mettent des mécanismes en place pour réprimer sans merci les faits infractionnels et notamment tout ce qui a trait aux violences sexuelles.

Il y a lieu de considérer que cet adage n'a plus sa raison d'être au regard de la politique criminelle mise en place par les Etats et la communauté internationale pour traquer tous les malfaiteurs de tout bord.

---

juillet 1968) », in *Revue zaïroise de droit*, 2è année, n° spécial, 1971, pp. 363-364.

Il serait malheureux pour une erreur de stratégie judiciaire qu'un malfaiteur échappe à la justice pénale au motif que la partie lésée a d'abord saisi la justice civile. Le juge de cassation qui est appelé à unifier la jurisprudence, à prendre des décisions de principe, ce juge a le devoir de protéger l'Etat et les citoyens en décidant la non application de cet adage dont la raison ne se justifie pas à moins que sa compréhension rentre dans le commentaire repris ci-haut.

Il apparait important de souligner que cet adage n'est pas d'ordre public, donc son non application ne met pas en péril les intérêts de l'Etat. En effet, cet adage figure, à notre entendement, parmi les exceptions dilatoires en considération de son effet et sa finalité.

Comme l'a relevé le professeur E. LAMY, les exceptions « dilatoires » tendent seulement à suspendre le cours de la procédure parce qu'elles ne font qu'ajourner la discussion immédiate sur le fond même de la demande.

Ainsi, rentrent dans ce cadre général l'exception déclinatoire de compétence, de litispendance, de connexité…[39]

La finalité de ces exceptions est pareille à celle de l'adage « Electa una via, non datur recursus ad alteram ». Aussi, est-il indiqué de conclure à son caractère privé. Au regard de son caractère privé, le juge n'est même pas obligé de le soulever d'office.

En vue de dissiper tout malentendu, il est nécessaire de signaler que l'exception d'incompétence, à raison de la matière, est d'ordre public ; tandis que l'exception

---

[39] Emile LAMY, L'action civile…, op. cit, p. 148.

d'incompétence à raison du lieu est d'ordre privé et les parties peuvent y renoncer.[40]

c) Illustration

c.1. CSJ, audience publique du 28 avril 1987, RP 843, aff. MBULA MOSI c MP et LUNKOKA Lwa MAMBU

N'est pas fondé, le moyen tiré de la violation par la décision entreprise du principe général du droit electa una via non datur recursus ad alteram, en ce que le défendeur qui a usé de la voie civile n'était plus autorisé à utiliser la voie pénale pour obtenir la propriété de la parcelle reconnue à son adversaire, lorsque son action devant la juridiction répressive était fondée sur les infractions de destruction méchante, de faux et usage de faux en écritures et tendait à la condamnation du demandeur aux dommages-intérêts, cette action n'ayant ni la même cause, ni le même objet que celle en reconnaissance du droit de propriété que le demandeur avait portée devant le juge civil.[41]

c.2. CSJ, 27/6/1984, RC 546, inédit

Le principe « Una electa via recursus ad alteram non datur » requiert pour son application que la partie contre laquelle on l'invoque ait saisi une juridiction d'une demande qui se trouve déjà pendante devant une autre juridiction de nature différente mais non lorsqu'elle saisit une juridiction d'une demande qui serait portée à la connaissance d'un officier du ministère public.[42]

---

[40] Emile LAMY, L'action civile..., op. cit., p. 184.

[41] Bulletin des arrêts de la Cour Suprême de Justice, Années 1985 à 1989, Editions du Service de Documentation d'Etudes du Ministère de la Justice et Garde des Sceaux, Kinshasa, 2002, pp. 313-314.

[42] DIBUNDA KABUINJI MPUMBUAMBUJI, op. cit., p. 182.

6. In dubio pro reo

a) Traduction de l'adage : Le doute profite à l'accusé ;
b) Commentaire de l'adage.

Toute personne étant présumée innocente, il faut que la preuve soit faite de sa culpabilité pour qu'elle puisse être condamnée. La condamnation ne peut être fondée que sur la certitude du fait et de la culpabilité de l'agent.

Le doute que n'a pas dissipé le ministère public profitera au prévenu. Celui-ci, au cours du procès, peut rester passif et silencieux. *In dubio pro reo*. Ce principe est en fait le corollaire de celui de la présomption d'innocence : « Toute personne accusée d'un acte délictueux est présumée innocente tant que sa culpabilité n'est pas établie au cours d'un procès public où toutes les garanties nécessaires à sa défense lui auront été assurées ».

Il en résulte que le prévenu n'est pas tenu d'établir son innocence par des preuves décisives. Il suffit qu'il allègue sa version des faits d'une manière vraisemblable, plausible, de nature à semer le doute dans l'esprit du juge.

Toutefois, en pratique, la personne poursuivie aura intérêt à établir la preuve de ses allégations si elle le peut. En effet, nous trouvant dans le système de l'intime conviction, elle doit se méfier de l'effet que peuvent produire sur le juge d'une part les preuves produites par le ministère public et, d'autre part, son silence ou ses hésitations. Attendre passivement peut s'avérer désastreux, et il est plutôt vivement conseillé que l'accusé apporte dans la mesure du possible la preuve de son innocence.[43]

---

[43] NYABIRUNGU mwene SONGA, Droit Pénal général zaïrois, Editions Droit et Société « DES », Kinshasa, 1989, pp. 377-378.

c) Illustration

c.1. CSJ, 4/5/1974, RPA 26, Bulletin 1975, p. 74

L'élément matériel de détournement ou de dissipation et l'élément moral d'intention frauduleuse doivent être prouvés par le ministère public et, lorsque le prévenu apporte des explications vraisemblables sur l'utilisation de fonds dont il avait la garde ou la gestion, non démenties par le ministère public, le doute doit entrainer l'acquittement.[44]

c.2. CSJ, 10/8/1974, Bull. 1975, p. 222

Doit être acquitté du chef de détournement et ce, au bénéfice du doute le fonctionnaire qui, dans la gestion de fonds, accuse certains manquants lorsque ceux-ci peuvent être vraisemblablement imputés à une erreur de calcul des vérificateurs ou à la disparition, lors de la remise-reprise de pièces justificatives, ou à une mauvaise imputation des dépenses par le gestionnaire.[45]

7. Infra petita

a) Traduction de l'adage : En deçà de la demande ;
b) Commentaire de l'adage.

C'est le fait pour le juge de fond de rendre la décision de justice dont le dispositif ne fait pas écho à tous les articulats de la demande ou de la défense. Le juge a manqué au principe dispositif, qui lui fait obligation de répondre point par point aux demandes et conclusions des parties, en omettant de statuer sur une des prétentions dont il était saisi, par exemple, en oubliant de se prononcer sur l'exécution provisoire ou le délai de grâce sollicité.

---

44 DIBUNDA KABUINJI MPUMBUAMBUJI, op. cit., p. 68.
45 Idem.

La violation de ce principe par le juge permet à la partie de déférer la décision du juge devant la juridiction supérieure (appel ou cassation) pour obtenir sa réformation, sinon même d'office par le juge saisi du recours, le moyen étant d'ordre public. Il ne sera pas question de saisir encore le même juge, lequel aura déjà vidé sa saisine.

a) Illustration

c.1. CSJ, 30/12/1997, RP 26 TSR, MP c/ MBOYO MPELA et csrt

Est fondé, le moyen tiré de la violation de l'article 1er de l'ordonnance du 1er mai 1886 sur l'application des principes généraux du droit dont celui qui oblige le juge de répondre à chaque demande dont il est saisi en ce que le juge d'appel a omis de statuer sur la demande reconventionnelle d'un prévenu qu'il a pourtant acquitté et renvoyé des fins de poursuites et qu'il a statué infra petita, puisqu'il n'a pas statué sur ladite demande.[46]

c.2. CSJ, 27/11/1998, RC 2283, aff. SUCCESSION LUMELA LUNGILA c/ SUCCESSION BIANKABILA

Est irrecevable, car manque en fait le moyen tiré de la violation par le juge d'appel de l'article 1er de l'ordonnance du 14 mai 1886 concernant les principes généraux du droit « infra petita » et le déni de justice, en ce qu'il ne s'est pas prononcé sur certains chefs de demande, car dès lors que l'action originaire était déclarée

[46] Bulletin des arrêts de la Cour Suprême de Justice, Années 1990 à 1999, Editions du Service de Documentation et d'Etudes du Ministère de la Justice, Kinshasa, 2003, pp. 297- 298.

irrecevable, il n'était plus autorisé à examiner lesdits chefs de demande.[47]

1. Le criminel tient le civil en état

a) Commentaire de l'adage

Selon la doctrine et la jurisprudence constantes, dès que le Tribunal répressif est saisi par requête en fixation ou par citation directe, l'instance civile saisie avant ou pendant, doit surseoir à statuer, s'il s'agit des mêmes faits.

En d'autres mots, l'exercice d'une action civile est suspendu lorsqu'une action publique est engagée relativement aux mêmes faits ; le juge civil doit surseoir jusqu'à la solution pénale irrévocable.

La raison d'être du principe selon lequel « le pénal tient le civil en état » est d'éviter la contrariété des décisions ; la raison de cette règle est que le juge… devra ensuite tenir compte de la chose jugée au criminel ; c'est parce que « le criminel emporte le civil », que « le criminel tient le civil en état ». L'action publique doit avoir été mise en mouvement par le Ministère Public, ou déclenchée par la partie civile.

En conclusion, nous pouvons dire que c'est la non-contrariété des décisions qui apparaît comme le soubassement, le fondement du principe « le pénal tient le civil en état ».[48]

---

[47] Bulletin des arrêts de la Cour Suprême de Justice, Années 1990 à 1999, Editions du Service de Documentation et d'Etudes du Ministère de la Justice, Kinshasa, 2003, p. 446.

[48] Mushigo-A-Gazanga Gingombe(R), Les principes…, op. cit., pp. 49-50.

Dans sa note d'observation sur l'arrêt de la CSJ du 4 avril 2004 à travers laquelle la cour rappelle de la plus radicale l'obligation pour le juge civil, de surseoir à statuer lorsque le même fait dont il est saisi, fait l'objet de poursuites pénales ; le Bâtonnier MBUYI TSHIMBADI relève que la cour tout en réaffirmant cette position, la même cour soutient en outre que le principe « le criminel tient le civil en état » ne pourra s'appliquer que si le fait soumis au juge civil a fait l'objet soit d'une citation directe, soit d'une fixation à la juridiction répressive de jugement, sous RP, soit d'un acte d'instruction ou de poursuite de l'officier de Ministère Public sous RMP. Sont ainsi écartées de l'effectivité de la mise en mouvement de l'action publique, les plaintes et autres dénonciations, ainsi que les procès verbaux des OPJ.

Le Bâtonnier MBUYI TSHIMBADI stigmatise le fait que les plaideurs, usant des manœuvres dilatoires et à court d'arguments, saisissent après coup le juge répressif juste pour paralyser le déroulement du procès civil après avoir maintes fois comparu.

Le Bâtonnier poursuit en désapprouvant le fait qu'il arrive pour les mêmes raisons, l'officier du ministère public soit saisi et qu'il ouvre après un dossier répressif RMP de complaisance juste pour obliger le juge civil à surseoir automatiquement.

Dans un cas comme dans l'autre, le juge devra s'en remettre aux conditions pré rappelées savoir que le juge civil se trouve dans l'impossibilité de se prononcer sur la demande civile sans préjuger des faits et de la responsabilité pénale sur lesquels la juridiction pénale est appelée à se prononcer.

Pour le Bâtonnier, toutes les fois qu'il ne peut y avoir interférence entre le jugement à intervenir au civil et celui pénal, le juge devra rejeter la surséance.[49]

b) Illustration et observation

b.1. CSJ, 28/12/1995, RC 1594, aff. SATUGA SHITA c/ NDALA MUKEBA et csrt

Est fondé le moyen pris de la violation de l'article 1er de l'ordonnance du 14 mai 1886 sur l'application des principes généraux du droit en ce que le juge d'appel n'a pas fait une bonne application du principe le criminel tient le civil en état pour n'avoir pas sursis à statuer, car, informé de la saisine du premier juge par la citation directe, il avait l'obligation de se conformer à ce principe.[50]

b.2. CA/Gombe, 5 mars 1995, RCA 11.113/11.154, aff. KIDIATE ENZONONI c/ MAVINGA SONGO ; CA/Gombe, 4 septembre 2008, aff. CHANIMETAL c/ NSIMBA MBAYA

Suite à l'application tout à fait abusive du principe « Le criminel tient le civil en état » par une partie qui se voit déjà perdante dans un procès et qui recourt audit principe dans le but tout à fait dilatoire, la jurisprudence récente met sur pied les mécanismes pour contrecarrer cette fraude au droit en enseignant ce qui suit : « une

---

[49] Note d'observation de l'arrêt RC 2594/2594, CSJ 4 avril 204, du Bâtonnier MBUYI TSHIMBADI sur « le criminel tient le civil en état », in Les analyses juridiques, n°3/2004, juillet-août-septembre, Lubumbashi, 2004, pp. 54-57.

[50] Bulletin des arrêts de la Cour Suprême de Justice, Années 1990 à 1999, Editions du Service de Documentation et d'Etudes du Ministère de la Justice, Kinshasa, 2003, p. 143.

citation directe introduite instantanément pendant que l'action civile est en cours est purement dilatoire et ne peut justifier la surséance (CA/Gombe RCA 11.113/11.154 du 20/09/1984 et RCA 17.596 du 05/03/1995 en cause KIDIATE ENZONONI c/ MAVINGA SONGO).

Dans le même sens, la Cour d'Appel de Kinshasa/Gombe a eu à rejeter des débats une citation directe produite par l'appelante principale (RTA 5609 du 04/09/2008 Société Groupe CHANIMETAL c/NSIMBA MBAYA).

2. L'homme mort, le plait est mort

a) Commentaire de l'adage

Au décès de l'accusé, le procès finit (on ne fait pas de procès au cadavre ou en mémoire du défunt).

Autrement dit, le décès du prévenu est une cause d'extinction des poursuites pénales. Toutefois, si une décision a déjà été rendue par le juge et qu'un recours est pendant, une reprise d'instance volontaire ou forcée est possible, pour poursuivre la cause sur les aspects privés du litige.

La reprise d'instance est prévue dans notre législation par l'article 19 et ss de l'ordonnance-loi n°82-017 du 31 mars 1982 relative à la procédure devant la Cour Suprême de Justice.

b) Illustration

CSJ, 25/7/1979, RP. 44, inédit, suite à la confusion avec RPA 44 publié au Bulletin 1984, p.149.

Le décès du prévenu en cours d'instance entraîne l'extinction de l'action publique.[51]

3. Nemo auditur propriam turpitudinem allegans

Traduction de l'adage : Nul ne peut se prévaloir de sa propre turpitude ou Nul ne peut être recevable (entendu) en invoquant (qui invoque, qui allègue) sa propre turpitude.

a) Commentaire de l'adage

L'adage « Nemo auditur … » vise à refuser au demandeur, pour indignité, l'action en annulation d'un contrat contre l'ordre public ou les bonnes mœurs. Le fondement de cette règle coutumière résiderait dans le fait que le juge doit chasser du prétoire et se refuser d'écouter celui qui a participé à un acte immoral ou illicite et qui veut se prévaloir de sa propre turpitude, c'est-à-dire, de son immoralité ou de son infraction à la règle impérative pour demander l'annulation de cet acte.

On a critiqué ce fondement quand on pense que les prétoires et les oreilles du juge sont souillés par d'autres affaires immorales qui lui sont fréquemment soumises (divorce, viol). Ex : le juge déclarera irrecevable l'action d'un individu tendant à demander l'annulation d'un contrat par lequel un autre lui avait vendu au marché noir telle ou telle marchandise dont la vente était prohibée formellement.[52]

---

[51] DIBUNDA KABUINJI MPUMBUAMBUJI, Répertoire Général de Jurisprudence de la Cour Suprême de Justice 1969-1985, Editions connaissance et pratique du Droit Zaïrois « C.P.D.Z. », Kinshasa 1990, p. 57.

[52] KALONGO MBIKAYI, op. cit., p. 102.

b) Illustration

c.1. CSJ, 21/1/1981, RC 316, inédit

Constitue une turpitude dans le chef d'un vendeur d'une maison l'allégation du fait qu'aucun acte authentique de vente n'a été dressé pour prétendre n'avoir rien vendu.[53]

c.2. CSJ, 18/3/1981, RC 384, R.J.Z. 1981, p. 88 texte

En vertu du principe que nul ne peut se prévaloir de sa propre turpitude, ne peut invoquer les dispositions de l'article 25 de la loi foncière la personne qui a profité de l'absence du premier occupant d'un terrain pour en obtenir frauduleusement les titres de propriété.[54]

c.1. Elis., 17 septembre 1938, RJCB, 1955, p. 208

La nullité des conventions qui ont pour objet de frauder une loi d'ordre public est absolue et que celui qui a poursuivi un but immoral ou illicite ne peut jamais en demander l'exécution en justice, soit se prévaloir d'un effet quelconque de la convention à l'égard de l'autre partie.[55]

c.2. 1er inst. Léo, 31 juillet 1954, RJCB, 1955, p. 131

N'est pas recevable une demande de remboursement de prêt et de libéralité consentis pour cause immorale : la reprise de relations intimes adultérines.[56]

---

53 DIBUNDA, op. cit., p. 227.
54 DIBUNDA, op. cit., p. 227.
55 KALONGO MBIKAYI, op. cit., p. 101.
56 Idem.

4. Nemo censentur ignorare legem

Traduction de l'adage : Nul n'est censé ignorer la loi ; Commentaire de l'adage.

Le commentaire de la maxime «Nemo censentur ignorare legem » est bien rendu par le regretté Professeur BAYONA qui en fait une bonne analyse à la lumière de la loi, de la jurisprudence et de la doctrine lors de son discours à l'audience solennelle de la rentrée judiciaire de la CSJ en date du 10 novembre 1977.

Le professeur BAYONA réfléchit comme suit : « Cet adage n'est consacré par aucun texte du droit positif zaïrois ; néanmoins, il s'applique en tant que principe général de droit ; nos cours et tribunaux l'ont toujours appliqué depuis l'époque coloniale jusqu'à ce jour. La Cour suprême de justice y a recouru dès les premiers moments de sa création.

L'article 62 de la Constitution dispose :

Les lois sont promulguées par le Président du Mouvement Populaire de la Révolution. Elles sont revêtues du sceau de l'Etat et publiées au Journal Officiel de la République. A moins qu'elles n'en disposent autrement, les lois entrent en vigueur dès leur diffusion par l'agence officielle d'information.

Ainsi donc, la présomption de la connaissance de la loi n'a pas, à proprement parler, une base constitutionnelle ; cependant l'on peut soutenir que la force obligatoire de la loi est traditionnellement liée à l'idée d'une présomption de connaissance de celle-ci, le professeur BEKAERT, développant cette notion en droit belge, affirme que la publication de la loi au moniteur lui donne force obligatoire *erga omnes* à dater de son entrée en vigueur, parce qu'elle lui imprime le caractère d'authenticité qui suffit pour que, dès ce moment, elle soit présumée connue de tous.

Mais les auteurs restent encore partagés sur l'intelligence exacte de la maxime Nul n'est censé ignorer la loi.

Le professeur français Jean CARBONNIER, dans son ouvrage, Droit civil, écrit « La présomption nul n'est censé ignorer la loi … » ne doit pas être entendue dans le sens que chacun serait censé connaître toutes les lois (ce qui serait en contradiction avec l'institution des diplômes juridiques auxquels paraît attachée la présomption de la connaissance du droit). Il faut simplement comprendre que le journal officiel où se trouve une loi déterminée ayant été mis à la disposition du public, celui qui pouvait avoir à faire avec une question de droit est en faute de ne s'en être pas enquis. Il y a déjà assez d'absurdité à cela sans que l'on en rajoute.

Charles HUBERLANT dans une contribution scientifique à l'ouvrage intitulé « Les présomptions et les fictions en droit », paru aux éditions BRUYLANT à Bruxelles en 1974, écrit : « L'adage ne signifie pas que chacun serait présumé en toutes circonstances connaître la loi, que dans la mise en œuvre de la loi, chacun serait censé à tous points de vue connaître celle-ci. Non. L'adage signifie seulement que la loi a force obligatoire à l'égard de tous, même à l'égard de ceux qui l'ignorent ; que sauf exception, on ne peut se soustraire à l'application de la loi en invoquant l'ignorance de celle-ci ou une erreur commise au sujet de sa portée.

L'on soutient que la maxime répond à une nécessité sociale manifeste. A cet égard, le raisonnement suivant est élaboré : « si la loi est obligatoire pour tous, c'est pour ce motif que tous sont censés la connaître ; l'autorité qui prend les lois est guidée par deux préoccupations opposées.

D'une part, elle a le souci d'éviter que les destinataires de la loi soient obligés de se conformer à des prescriptions qu'ils ne connaissent pas : exiger l'obéissance en ce cas paraît à la fois absurde et injuste, vaine et attentatoire à la dignité des personnes. C'est pourquoi l'autorité veille à faire connaître la loi et recourt à cette fin à divers modes de publication. Il est impossible d'assurer en fait une connaissance personnelle de la loi par chacun de ceux qui doivent y conformer leur conduite. Mais l'autorité se voit obligée de passer outre. Elle a, en effet, un second souci, tout différent du premier, celui de sauvegarder l'intérêt général ; à cette fin, il faut que la loi soit respectée par tous, y compris par ceux qui l'ignorent. La présomption de connaissance de la loi vient opérer une conciliation entre les deux idées opposées…

Le citoyen NIMY MAYIDIKA NGIMBI, dans son ouvrage intitulé « Essai critique de jurisprudence, analyse des arrêts de la Cour suprême de justice 1969-1972 », est également d'avis que l'application par les Cours et Tribunaux, de la maxime « Nul n'est censé ignorer la loi », soit moins rigide, et tienne compte de la situation réelle dans laquelle se trouvent les justiciables auxquels les lois sont destinées.

L'actuel Ministre de la Justice en France, l'Académicien Alain PEYREFITE, a déclaré, au cours d'une interview accordée à la Radio-France Internationale, il y a quelques mois, qu'à son avis l'adage « Nul n'est censé ignorer la loi » ne repose plus sur une quelconque réalité devant le foisonnement des textes qui sont publiées ; il est même d'avis que désormais la maxime devrait s'énoncer comme suit : « Nul n'est censé connaître la loi ».

Notre position personnelle sur cette importante question se résume à émettre un certain nombre de réflexions critiques :

Aucun texte de loi zaïrois ni constitutionnel ni légal ne formule expressément cette maxime. Ceci mérite d'être mis en exergue car, à notre sens, ce n'est pas par hasard si un adage aussi fondamental à la vie même de tout système juridique n'ait fait l'objet d'une règlementation par le législateur zaïrois.

Par construction logique, l'on peut dégager cette maxime de l'alinéa 3 de l'article 62 de la Constitution, qui dispose : A moins qu'elles n'en disposent autrement, les lois entrent en vigueur dès leur diffusion par l'agence officielle d'information », en l'occurrence l'AZAP. En effet, si la loi devient obligatoire à l'égard de tous dès l'instant où elle est publiée par l'AZAP, c'est que le législateur présume que cette loi est connue de tous. Toute la controverse repose sur la question de savoir si cette présomption de connaissance de la loi a un caractère réfutable ou irréfutable.

L'étude historique, doctrinale et jurisprudentielle de cette maxime en droits étrangers démontre qu'en toute logique juridique, l'on ne peut se permettre d'imprimer un caractère irréfutable à cette maxime qui, à l'heure actuelle, même dans les pays à grande civilisation technologique en matière de mass media, est battue en brèche par la réalité pratique quotidienne.

A l'issue de cette réflexion, le Professeur BAYONA conclut en ces termes : « La maxime « Nul n'est censé ignorer la loi » ne peut être interprétée de manière rigoureuse ; son origine historique et la réalité de chaque jour s'y opposent ; considérée sous l'angle du recours à l'authenticité, l'on est en droit d'en contester le principe ».[57]

Bien évidemment, il y a lieu de relever que la constitution du 18 février 2006 a repris cette maxime en ces termes « Nul n'est censé ignorer la loi ».

Pour Gitari cet adage n'a pas de sens, si l'on ne met pas la loi à la portée du grand public.[58]

a) Illustration et observation

c.1. CSJ, 8/1/1970, RP 3 Bull, vol 1, 1970, fascicule n°1, pp. 26-27[59]

Le citoyen K., poursuivi du chef d'assassinat et de meurtre, avait été condamné le 20 février 1969, par la Cour d'appel de Lubumbashi, à la peine de servitude pénale à perpétuité.

Le pourvoi en cassation avait été formé par déclaration actée le 3 mars 1969 au greffe de la Cour d'appel ; mais la requête confirmative de pourvoi ne fut

---

57 BAYONA-ba-MEYA KIMVIMBA, La maxime « Nul n'est censé ignorer la loi », discours prononcé lors de l'audience solennelle de rentrée du 10 novembre 1977, in Bulletin des arrêts de la Cour Suprême de Justice, Année 1977, Tome I, Editions de la Cour Suprême de Justice, Kinshasa, 1978, pp. 161, 163-168 et 180.

58 Gitari Simamia, in Préface du Guide pratique des infractions, de Kayumba N'Kudi Sultan, Edition Pro-Justitia, Kinshasa, 1996, p.3.

59 Le numéro RP n'était pas repris dans le discours du Professeur BAYONA.

reçue par le greffier de la Cour suprême de justice que le 3 mai 1969 donc en dehors du délai de 20 jours. Le demandeur en cassation, convaincu lui-même de la tardiveté du pourvoi, invoqua un cas de force majeure afin d'être relevé de la déchéance du délai ; en effet, il avait affirmé ignorer les dispositions légales relatives à la procédure devant la Cour suprême de justice, le journal officiel ne les ayant pas publiées à sa connaissance ou, à tout le moins, le texte n'en ayant pas été diffusé dans la région du Shaba.

La Cour suprême de justice réfuta le raisonnement du demandeur de la manière suivante : l'ordonnance-loi du 8 janvier 1969 relative à la procédure devant la Cour suprême de justice avait été publiée au journal officiel qui, partant, lui imprime le caractère d'authenticité qui suffit pour que, dès ce moment, elle soit présumée connue de tous, cette présomption est irréfutable et ainsi la force majeure tirée de sa méconnaissance ne peut être invoquée, la loi étant censée connue des citoyens, même si tel n'est pas le cas dans la réalité.[60]

c.2. CSJ, 3/4/1974, Revue Juridique du Zaïre n°3, septembre à décembre 1976, p. 79

Le citoyen K. avait été condamné au degré d'appel par un jugement contradictoire du Tribunal de première instance de Kinshasa, prononcé le 8 août 1969.

Le 7 avril 1972 soit 9 mois après cette condamnation, le Citoyen K. forma un pourvoi en cassation.

Le demandeur justifia la tardiveté de son pourvoi en invoquant l'ignorance de l'ordonnance-loi du 8 janvier

[60] BAYONA-ba-MEYA KIMVIMBA, op. cit., pp. 161-162.

1969 organisant la procédure devant la Cour suprême de justice ;il soutint que la preuve de son ignorance peut être trouvée dans le fait qu'il a écrit à de nombreuses reprises, depuis le 15 octobre 1969 aux autorités du Parquet pour obtenir de celles-ci d'être relevé de la déchéance du délai; il ajouta que n'ayant jamais reçu de réponse, il ne put s'adresser au Premier Président de la Cour suprême de justice que le 20 avril 1971 en vue d'être dispensé de la consignation des frais de justice et d'obtenir la désignation d'un avocat d'office pour assurer sa défense en cassation ; enfin, il précisa qu'il n'a pas eu la possibilité de déposer la requête introductive de pourvoi avant le 6 avril 1972, parce qu'il a fallu 7 mois au greffier du tribunal de première instance pour transférer le dossier judiciaire de l'affaire au greffe de la Cour suprême de justice.

Statuant le 3 avril 1974, la Cour suprême de justice déclara irrecevable pour tardiveté le pourvoi en cassation introduit par le citoyen K.

Le raisonnement de la Cour suprême de justice a été le suivant : l'ordonnance-loi organisant la procédure devant la Cour suprême de justice ayant été publiée au Journal Officiel le 15 janvier 1969, était, par présomption légale irréfragable, censée connue de tous les justiciables depuis le 15 février 1969 en vertu de l'article 51, alinéa 3 de la Constitution (de 1967) ; cette présomption doit être appliquée avec d'autant plus de rigueur que le demandeur a été condamné par la juridiction d'appel le 8 avril 1969 soit à une époque où l'existence et les règles du fonctionnement de la Cour suprême de justice ne pouvaient être ignorées d'un inspecteur principal de la police nationale.[61]

---

[61] BAYONA-ba-MEYA KIMVIMBA, op. cit., pp. 162-163.

5. Non bis in idem (crimen)

Traduction de l'adage : Pas deux poursuites pour la même infraction ;

Commentaire de l'adage.

L'adage exprime l'autorité de la chose jugée au pénal sur le pénal. Il signifie qu'une décision pénale définitive empêche que les faits délictueux qui en ont fait l'objet ne donnent lieu à une nouvelle poursuite pénale lorsque les voies de recours sont épuisées ou les délais pour les intenter sont échus, la décision répressive acquiert une présomption irréfragable de vérité : Res judicata pro veritate habetur. Le principe trouve sa meilleure justification dans la nécessité de donner au jugement pénal une autorité à l'abri de toute tentative d'être rejugée pour la bonne administration de la justice répressive et pour la sécurité des individus.

L'adage fait en fait respecter le principe de l'autorité de la chose jugée au pénal qui est une des formes de la contrariété de jugements à l'instar de la contradiction dans le dispositif, des décisions inconciliables rendues entre des parties et la règle « Non bis in idem ».

Cette règle s'oppose à ce qu'une même personne puisse être poursuivie deux fois pour le même fait. Cette maxime est consacrée en droit interne par l'article 368 du code de procédure pénale (français), qui précise qu' « aucune personne acquittée légalement ne peut plus être reprise ou accusée à raison des mêmes faits, même sous une qualification différente », et par l'article 6 du même code, qui fait de la chose jugée une cause d'extinction de l'action publique. Elle est, de même, consacrée en droit international par l'article 692 du Code de procédure pénale.[62]

Il faut aussi relever que ce principe s'applique aussi en matière civile. C'est ce qui découle d'ailleurs de l'illustration ci-après.

Illustration

CSJ, 31/10/1997, RC 020/TSR, aff. MP c/ LUTONTO et csrt

Viole l'article 1er de l'ordonnance du 14 mai 1886 sur l'application des principes généraux du droit, en l'espèce l'adage non bis in idem, et sa décision encourt cassation totale avec renvoi devant la section judiciaire, le juge d'appel qui, sous le prétexte d'une interprétation ou d'une rectification d'erreur matérielle, a porté atteinte à l'autorité de la chose jugée en changeant le fond de la décision interprétée en attribuant à un clan le droit de jouissance des terres, lequel avait été reconnu à un autre clan par un jugement ayant acquis l'autorité de la chose jugée.[63]

Nul ne plaide par procureur (hormis le roi)

Commentaire du principe

Maxime par laquelle autrefois s'exprimait l'interdiction de la représentation en justice, mais qui n'a plus aujourd'hui qu'un sens réduit, à savoir qu'un plaideur, même lorsqu'il agit par mandataire, est tenu de

---

[62] Jacques Boré et Louis Boré, La cassation en matière pénale, 3è éd, Dalloz, Paris, juillet 2011, pp. 262-263.

[63] Bulletin des arrêts de la Cour Suprême de Justice, Années 1990 à 1999, Editions du Service de Documentation et d'Etudes du Ministère de la Justice, Kinshasa, 2003, p. 263.

figurer lui-même en nom dans l'instance, dans les actes de procédure et dans les jugements. (La réserve concernant le roi n'a maintenant plus de sens, et c'est la raison pour laquelle dans l'énoncé de la formule, on en fait le plus souvent abstraction).

Dans l'expression « nul ne plaide… ; », le mot « plaider » n'est pas pris dans son sens habituel mais signifie « assigner une personne en justice », cette interdiction existant cependant pour tous les actes de procédure qui peuvent intervenir au cours du procès. On s'est parfois demandé s'il fallait appliquer la maxime étant donné que celle-ci n'est pas inscrite dans un texte légal. On en a déduit qu'elle serait dépourvue de toute force obligatoire. En réalité, l'adage « nul ne plaide par procureur » doit être observé car la jurisprudence en a consacré le principe de façon telle qu'il n'est pas possible de douter de son existence juridique et qu'il s'impose au plaideur s'il veut poursuivre valablement l'action en justice. Depuis l'article 2, alinéa 2 du décret du 7 mars 1960, cette règle prétorienne est devenue légalement obligatoire. Elle est d'ailleurs justifiée car il serait injuste que la personne qui est assignée en justice ignore le véritable titulaire du droit qui intente réellement le procès sous le couvert du mandataire. En vertu de cette maxime, un plaideur ne peut se faire le maître d'un procès dans lequel il n'a pas d'intérêt et masquer sous son nom des personnalités dont la capacité juridique échapperait à tout contrôle. On peut donc se rendre compte de l'importance de la règle et de son utilité.[64]

Il y a lieu d'indiquer aussi qu'outre le fait que la partie demanderesse doit être clairement mentionnée, elle

---

[64] MUKADI BONYI et KATUALA KABA KASHALA, Procédure civile, Editions Batena Ntambua, Kinshasa, 1999, p. 41.

ne peut pour le reste se faire représenter par un tiers non autorisé par la loi dans l'instruction de la cause ou l'accomplissement de certains actes de procédure et seuls les avocats ou défenseurs judiciaires peuvent agir en lieu et place de leurs clients parties dans un procès, en application de l'article 1 de l'ordonnance-loi n°79-08 du 28 septembre 1979 portant organisation du Barreau, du corps des défenseurs judiciaires et du corps des mandataires de l'Etat.

Point n'est besoin de remémorer que ce principe est prévu également en matière pénale, spécialement à l'article 57 du code de procédure pénale congolais dont voici le libellé : « La citation doit indiquer à la requête de qui elle est faite. Elle énonce les noms, prénoms et demeure du cité, l'objet de la citation, le tribunal, le lieu et le moment de la comparution. Elle indique la qualité de celui qui l'effectue et la façon dont elle est effectuée. La citation à prévenu contient, en outre, l'indication de la nature, de la date et du lieu des faits dont il aura à répondre ».

Illustration

b.1. CSJ, 22 juillet 1980, RP 367, aff. OTCZ c/ MP et csrt

Est fondé, le moyen tiré de la violation des articles 1er et 19 de la loi organique sur le Barreau et le principe général de droit : « Nul ne plaide par procureur » par le juge qui a pris en considération la procuration donnée au défendeur par la mère de la victime alors que celle-ci n'est ni avocat ni défenseur judiciaire.

b.2. CSJ, 4 avril 1973, RP 54, aff. DE RUBEIS c/ MP et csrt, BA 1974, p. 95 et 96

Est fondé le moyen de cassation basée sur la violation de l'article 1er de l'ordonnance loi n° 68/247 du 10 juillet 1968 relative à l'organisation du barreau et du corps des défenseurs judiciaires, en ce que le tribunal a condamné le prévenu à payer des dommages intérêts à une partie lésée qui s'était constituée partie civile en se faisant représenter par un fondé de pouvoir muni d'une procuration, alors que ce système de représentation est implicitement abrogé depuis l'entrée en vigueur de cette ordonnance loi.

Si l'article 1er de l'ordonnance loi précitée dispose notamment que toute partie a le droit de se faire assister ou, dans les cas prévus par la loi, de se faire représenter par un membre du barreau ou du corps par les défenseurs judiciaires, cependant l'article 9 de la même ordonnance loi accorde le monopole de la représentation et de la plaidoirie aux avocats sous réserve du droit reconnu aux défenseurs judiciaires, de représenter les parties et de plaider devant les tribunaux de sous région et les juridictions coutumières.

b.3. CSJ, 16/6/1982, RC 545, inédit

La maxime « Nul ne plaide par procureur » oblige le mandataire seulement à préciser dans les actes de procédure le nom de la personne qu'il représente et qui est la véritable partie au procès.[65]

---

65 DIBUNDA, op. cit., p. 205.

b.4. CSJ, 4/6/1980, RC 280, inédit

Consacre le principe « Nul ne plaide par procuration (=procureur) » la loi qui accorde le monopole de la représentation devant les juridictions aux seuls membres du barreau ou du corps des défenseurs judiciaires. Viole ce principe le jugement qui admet la représentation d'une partie par le fils de cette dernière, porteur d'une procuration spéciale, mais qui n'est ni avocat ni défenseur judiciaire.[66]

b.5. CSJ, 16/9/1981, RC 303, aff. KOMBE ODIMBI c/ MOMBILI PALANGA

Est fondé et entraîne cassation totale sans renvoi pour défaut de qualité, le moyen pris de la violation par le juge du principe général du droit selon lequel nul ne plaide par procureur, en ce qu'il a reçu l'action mue en nom propre par un oncle maternel pour compte de son neveu majeur et ayant droit coutumier dans la lignée patrilinéaire.[67]

Observation

Ces arrêts n'appellent pas d'observation particulière si ce n'est de rappeler que le monopole d'assistance et de représentation devant les instances judiciaires revient aux avocats et au défenseur judiciaire. Il est donc normal que la CSJ casse une décision du juge de fond qui s'écarte de ce principe de droit.

---

[66] Idem.

[67] Bulletin des arrêts de la CSJ, Années 1980 à 1984, Editions du Service de Documentation et d'Etudes du Ministère de la Justice et des Affaires Parlementaires, 2001, Kinshasa, p. 257.

Nullum crimen, nulla poena sine lege

Traduction : Pas de crime, pas de peine sans loi ;

Commentaire de l'adage.

« En vertu de l'article premier de l'ordonnance du 14 mai 1886, approuvée par le décret du 12 novembre 1886, le juge ne peut pas condamner une personne pour une infraction qui n'est pas prévue par la loi ».Les philosophes du XVIIIe siècle ont énoncé ce principe en déclarant que « Seuls peuvent faire l'objet d'une condamnation pénale, les faits déjà définis et sanctionnés par le législateur au moment où l'accusé a commis son acte, et seules peuvent leur être appliquées les peines édictées à ce moment là déjà par le législateur. Nullum crimen, nulla poena sine lege ».

Conçu au 18è siècle dit « siècle des lumières » grâce aux inventions rocambolesques réalisées en vue de combattre les caractéristiques du droit pénal ancien à savoir l'hétérogénéité, l'arbitraire, l'irrationalité, rigueur et l'inégalité, ce principe a pour précurseur, le philosophe anglais BECCARIA dont l'ouvrage de 1764 intitulé « Traité de délits et peines » traduit en plusieurs langues à des milliers d'exemplaires a contribué énormément à sa réputation dans l'histoire du droit pénal.

Si la formules française du « principe de légalité des délits et des peines » est l'œuvre de cet auteur, la paternité de sa traduction latine « Nullum crimen nulla poena sine lege » est reconnue au criminaliste bavarois FEUERBACH.

Toutefois, en raison du fait que même les formalités sont prescrites par la loi et considérant, à juste titre, le droit pénal comme une discipline légaliste par excellence, le Professeur NYABIRUNGU mwene SONGA a intégré l'aspect de la procédure pour déboucher à la maxime latine suivante : « Nullum crimen nulla poena nullum judicium sine lege », c'est-à-dire « pas de crime pas de peine pas de procédure sans loi ».

Dans la Déclaration des Droits de l'Homme et du citoyen de 1789, il est écrit : « La loi ne peut établir que les peines strictement et évidemment nécessaires ; et nul ne peut être puni qu'en vertu d'une loi établie et promulguée antérieurement au délit et légalement applicable ».

Et puisque notre droit écrit est d'origine franco-belge, l'article premier de notre Code pénal édicte que : « Nulle infraction ne peut être punie des peines qui n'étaient pas portées par la loi avant que l'infraction fut commise ».

Selon Françoise Turkens et Michel Van De Kherkove, le principe de la légalité des infractions et des peines signifie que seule la loi, au sens formel peut incriminer, c'est-à-dire, ériger des faits en infractions et établir des peines. La légalité des incriminations impose au législateur de définir les infractions avec clarté et précision ; toutefois, en raison du principe de la séparation des pouvoirs, le juge est tenu d'appliquer la loi et, dès lors, de l'interpréter même si la rédaction est défectueuse.

Par ailleurs, le juge ne peut incriminer des faits qui ne sont pas qualifiés d'infractions par la loi, quelle que soit son opinion sur leur moralité ou leur dangerosité. C'est en ce sens que l'on dit que le droit pénal est un droit strict ; « La loi absorbe la totalité de l'ordre juridique pénal ».

La légalité des peines implique que seul le législateur peut déterminer la nature et la mesure de la peine, il ne peut prononcer une peine différente (ni dans son objet, ni dans son taux). Le juge ne peut prononcer aucune peine si la loi n'en prévoit que celle qui est prévue par la loi et ne peut se dispenser de prononcer la peine édictée par la loi.[68]

Il sied de souligner que ce principe figure au nombre des principes fondamentaux de la procédure pénale entendus comme des principes généraux du droit déclarés cardinaux parce qu'ils éclairent, complètent ou renforcent certains droits ou libertés implicitement ou explicitement retenus dans les différents textes en vigueur de procédure pénale.

En raison de leur caractère constitutionnel ou en application des instruments juridiques internationaux ratifiés par la République démocratique du Congo, les principes fondamentaux s'imposent aussi bien au législateur qu'au juge et assurent une meilleure protection des droits de la défense pendant le procès pénal.

Le droit positif congolais consacre expressis verbis ce principe concomitamment par l'article 17 de la Constitution du 18/02/2006 et 1 du décret du 30/01/1940 portant code pénal congolais.

---

[68] Mushigo-A-Gazanga Gingombe (R), Le principes…, op. cit., pp. 80-81.

Illustration

c.1. CSJ, 28 décembre 1979, RC 263, aff. AMISI c/ ALI LUHEMBWE, BA 1984, p. 357

Doit être cassé totalement et d'office pour violation de la loi et des principes généraux de droit en l'occurrence les articles 1er du code pénal et de l'Ordonnance du 14 mai 1886, le jugement portant condamnation pénale d'un prévenu poursuivi pour rétention de diplôme et autres effets au préjudice d'un tiers, sans indication de la loi réprimant ces faits comme infractionnels ni la coutume qui l'aurait prévue, alors qu'on ne peut condamner une personne pour infraction qui n'est pas prévue par la loi et pour laquelle la coutume qui l'aurait prévue n'a pas été établie.[69]

Obscuri libelli

Traduction de l'adage : Obscurité du libellé ;

Commentaire de l'adage.

C'est une des exceptions ou fins de non recevoir qui peuvent être soulevées en droit judiciaire, qu'il s'agisse de procès civil ou pénal.

Au civil, cet adage trouve son fondement à l'article 2 du code de procédure civile qui stipule que « L'assignation est rédigée par le greffier. Elle contient les noms, profession et domicile du demandeur et les noms et demeure du défendeur ; elle énonce sommairement l'objet et les moyens de la demande et indique le tribunal où la demande est portée, ainsi que le lieu, le jour et l'heure de la comparution. Lorsque le demandeur n'agit pas en nom personnel ou que le défendeur n'est pas assigné en nom

---

69 DIBUNDA, op. cit., pp. 181 et 182.

personnel, l'assignation mentionne en outre leur qualité. », tandis qu'au pénal il a son fondement à l'article 57 du code de procédure pénale selon lequel « La citation doit indiquer à la requête de qui elle est faite. Elle énonce les noms, prénoms et demeure du cité, l'objet de la citation, le tribunal devant lequel la personne citée doit comparaître, le lieu et le moment de la comparution. Elle indique la qualité de celui qui l'effectue et la façon dont elle est effectuée. La citation à prévenu contient, en outre, l'indication de la nature, de la date et du lieu des faits dont il aura à répondre ». Cette exception veut qu'une action en justice soit déclarée irrecevable lorsque les termes de l'acte introductif d'instance sont inintelligibles, incompréhensibles.

En effet, il serait difficile au tribunal de se prononcer sur une demande mal formulée, non comprise du tribunal et de la partie demanderesse ou citée. Aussi, est-il demandé au tribunal de rejeter une telle demande.

Il est exigé au plaideur désireux de solliciter l'irrecevabilité d'une action judiciaire sur base de cette exception de le faire avant toute défense au fond.

Pour le professeur LAMY, l'expression « avant toute défense au fond » signifie que les exceptions se discutent au début du procès, avant qu'on en vienne à présenter les moyens de fond. On dit que les exceptions doivent être présentées « in limine litis ». Il poursuit en relevant que le « limine litis » n'est pas le premier appel de la cause, mais le moment où les parties, après avoir échangé conclusions et dossiers, plaident à l'audience et déposent leurs pièces et défenses en vue d'obtenir jugement. Pour étayer sa thèse, il cite un certain nombre de jugements savoir : I° Inst. Elis. 15.1.1929, R.J.C.B

1929, p. 82 ; Elis. 11.12.1956, R.J.C.B. 1957, p. 41 – Contra : I° Inst. 23.7.1948, R.J.C.B. 1949, p. 112[70].

Au regard de ce qui précède, il y a lieu de souligner qu'il n'est pas nécessaire de faire état de cette exception à la première audience comme tentent de le dire certains plaideurs. Cependant, cette exception ne peut pas être soulevée à toute étape de la procédure comme c'est le cas pour les exceptions d'ordre public.

Il y a lieu aussi d'indiquer que l'obscurité à reprocher à l'exploit doit se situer dans son corps ou libellé des faits et non dans son intitulé ou dispositions légales qui ne faussent pas la bonne compréhension de l'objet du litige dont le défendeur ou le cité est accusé.

Illustration

c.1. CSJ, 19 avril 1978, RC 189, aff. ZAMAN LEON c/ Dame Van Simon Hortense, BA. 1979, p. 66

N'est pas fondée et partant irrecevable, l'exception d'obscuri libelli tirée de la formulation erronée ou incorrecte du moyen alors même que celui-ci indique clairement les textes des lois dont il invoque la violation.

c.2. CSJ, RC 686, 28/12/1983

Bien que la requête introductive soit intitulée « Pourvoi en cassation et requête en annulation », il n'y a pas obscuri libelli si, du développement de la requête il résulte clairement que l'intention du demandeur est de se pourvoir en cassation.

---

[70] E. LAMY, Cours de procédure civile, année académique 1975-1976, UNAZA, Faculté de Droit-Campus de Kinshasa, p. 182.

Onus probandi

Traduction de l'adage : La charge de faire la preuve ;

Commentaire de l'adage.

C'est aux accusateurs plutôt qu'aux accusés, que revient l'onus probandi. (*Onus probandi incumbit actcri* : La charge de la preuve incombe à celui qui allègue tel ou tel fait juridique ou matériel.)

C'est la manière d'exprimer que le fardeau de la preuve échoit, tour à tour, au demandeur et au défendeur – sans considération déterminante pour la position procédurale occupée par les parties – en fonction de cette seule circonstance que doit prouver celui des plaideurs qui prend l'initiative d'une affirmation, l'adversaire pouvant demeurer sur la défensive et se replier dans une attitude d'expectative, c'est-à-dire, purement négatrice. S'il incombe au demandeur d'établir le bien-fondé de son allégation (Actio incumbit probatio) et au défendeur celui de son moyen de défense (Reus in excipiendo fit actor), il revient au demandeur qui riposte de démontrer l'exactitude de sa réplique, comme il revient au défendeur de convaincre de la véracité de sa duplique. Et ainsi de suite. L'onus probandi pèse alternativement sur chacun des adversaires, au fur et à mesure qu'ils allèguent de nouveaux faits : la charge de la preuve se déplace continuellement et se renvoie comme une balle de tennis. Ainsi quand le créancier d'une obligation en réclame l'exécution, il lui appartient de la prouver et si le débiteur argue l'acte de nullité, c'est sur lui que pèse le soin d'établir le vice dont il le prétend entaché ; mais si le demandeur, revenant à la charge, soutient que la nullité se trouve couverte, la démonstration lui en incombe, quitte à ce que l'adversaire persuade le juge que la nullité en cause est de celles qui échappent à la confirmation.

Illustration

c.1. CSJ, 23 avril 1985, RPA 101, aff. MP c/ MPA et csrt

Dans la procédure pénale, le fardeau de la preuve incombe au Ministère public.

c.2. CSJ, 20 mars 1986, RPA 115, aff. MP et WAMFUANA c/ KANKONDE KALONJI

La partie la plus diligente à laquelle incombe la charge de produire les originaux des pièces incriminées au cours d'un procès pénal, c'est le ministère public ou la partie civile. Le prévenu ne doit en principe rapporter que la preuve du fait favorable qu'il invoque pour sa défense et de nature à amoindrir sa responsabilité, à exclure ou à détruire certains éléments constitutifs de l'infraction.

c.3. CSJ, 5 août 1986, RPA 165, aff. MP c/ KAMWANGA

Le ministère public voit peser sur lui, à titre principal, la charge d'établir dans ses divers éléments l'infraction commise et la culpabilité des prévenus.

c.4. CSJ, 29/7/1980, RP 360/361, aff. ALI ADJAMAYI c/ MP et csrt

N'est pas fondé, le moyen pris de la violation des articles 16 alinéa 1er de la Constitution et 1er de l'ordonnance du 14 mai 1886 consacrant les principes généraux du droit en ce qu'en se basant sur les éléments dépourvus de force probante, le juge a méconnu le principe général du droit qui veut qu'en matière pénale, la charge de la preuve incombe au Ministère public, alors que le fait pour une juridiction de fonder sa décision sur un élément éventuellement dépourvu de force probante légale ne constitue une méconnaissance ni de la présomption d'innocence ni des principes régissant la charge de la preuve.[71]

Observation

L'adage « **Onus probandi** » (La charge de faire la preuve) ou « **Actori incumbit probatio** » (la charge de la preuve incombe au demandeur) est d'application stricte en droit pénal comme il ressort de ces différents arrêts de la CSJ. C'est par la volonté du Ministère public ou de la partie civile que le prévenu se trouve devant la juridiction pénale pour répondre des faits infractionnels qui lui sont reprochés. Il est, dès lors inconcevable que la charge de la preuve revienne au prévenu. C'est donc avec raison que la CSJ rappelle ce principe.

Opposition sur opposition ne vaut

Commentaire de l'adage

Merlin, analysant la jurisprudence dans ses questions de droit (opposition aux jugements par défaut §V), écrit : « Lorsque par une sentence on a été débouté d'une première opposition, on ne peut plus être reçu opposant à cette sentence, quoiqu'elle ait été rendue par défaut ».

Jousse, de son côté, dans son commentaire de l'ordonnance, pose qu'on ne doit jamais être reçu opposant à un jugement qui a débouté d'une première opposition, bien que ce jugement ait été rendu par défaut.

---

[71] Bulletin des arrêts de la CSJ, Années 1980 à 1984, Editions du Service de Documentation et d'Etudes du Ministère de la Justice et des Affaires Parlementaires, 2001, Kinshasa, p. 70-71.

La règle a pour finalité l'abrègement du procès ; « on sent, en effet, poursuivit Merlin, que s'il en était autrement, les procédures seraient nécessairement éternelles, car il n'aurait aucune raison, en admettant l'opposition à un deuxième jugement par défaut, pour ne pas admettre également celle qui serait formée à un troisième, à un quatrième, à un dixième, à un centième ».

C'est sans doute pour cette finalité que le législateur congolais a prévu à l'article 65 du code de procédure civile que « N'est pas recevable, l'opposition contre un jugement qui statue sur une première opposition ». Il en est de même à l'article 38 du décret-loi du 3 juillet 2001 relatif aux tribunaux de commerce qui dispose que la partie opposante qui se laisse juger une seconde fois par défaut n'est plus admise à former une nouvelle opposition.

Illustration

CSJ, audience publique du 5 mars 1986, RC 640, aff. MUKWATA ILENDA c/TSHIYOYO NGANDU

Est fondé et entraîne cassation totale sans renvoi de la décision attaquée, étant donné qu'il ne restera plus aucun litige à juger, le moyen tiré de la violation de l'article 65 du code de procédure civile en ce que la décision entreprise a infirmé le jugement appelé pour avoir rejeté l'opposition formée contre un jugement rendu sur une première opposition, parce que la disposition légale dont la violation est invoquée consacre l'adage « opposition sur opposition ne vaut ».[72]

---

[72] Bulletin des arrêts de la Cour Suprême de Justice, Années 1985 à 1989, Editions du Service de Documentation d'Etudes du Ministère de la Justice et Garde des Sceaux, Kinshasa, 2002, pp. 136.

Pas d'action sans intérêt

Commentaire du principe

L'intérêt est la mesure de l'action dit un brocard. En effet, il n'est pas permis à un justiciable de saisir les cours et tribunaux s'il ne prouve pas l'intérêt qui le pousse à emprunter cette voie. A défaut pour lui de démontrer cette voie, l'action judiciaire qui proviendra de son initiative doit être déclarée irrecevable pour absence d'intérêt.

Il en est de même en matière de cassation. En effet, le recours en cassation étant une instance nouvelle, il est soumis, comme toute demande en justice, à la règle traditionnelle « pas d'intérêt, pas d'action », qui a pour but d'éviter que des contestations inutiles n'encombrent les prétoires.

Cette règle générale, qui eut longtemps un fondement purement jurisprudentiel, est maintenant consacrée (en droit français) par l'article 31 du Code de procédure civile et, pour le recours en cassation, par l'article 609. Le pourvoi en cassation n'est donc recevable, que si la décision attaquée fait grief au demandeur.

A défaut, il doit être déclaré irrecevable et cette fin de non-recevoir peut même être soulevé d'office par la Cour de cassation (C. pr. Civ., art 125). Seul le procureur général près la Cour de cassation est dispensé de cette condition et est autorisé à se pourvoir dans l'intérêt abstrait de la loi.[73]

---

[73] Jacques Boré et Louis Boré, La cassation en matière civile, 4è édition, Dalloz, Paris 2008, p. 196.

Illustration

b.1. CSJ, 29 août 1979, RC 163, aff. MORAIS GRALAWO c/ Cie AGRICOLE et COMMERCIALE, BA, 1984, p. 254

Ne sont pas fondées, les fins de non recevoir tirées de la violation du principe général de droit « pas d'action sans intérêt » dès lors que le demandeur d'une part a constaté que non seulement la cour d'appel avait rejeté les défenses à exécuter actionnées par la défenderesse, mais s'était également prononcée sur la recevabilité de l'appel de cette dernière et d'autre part, a exécuté la signification commandement sous réserve des droits et autres actions, écartant ainsi toute idée d'acquiescement.

b.2. CSJ, audience publique du 15 septembre 2004, RP 2297, aff. TSHIYOMBO JEAN PIERRE c/ MP et VUEZA NGINDU JOSEPH

Est fondé et la décision critiquée encourt cassation sans renvoi, pour violation de l'article 1er de l'ordonnance du 14 mai 1886 approuvé par le décret du 12 novembre 1886 consacrant l'application des principes généraux de droit notamment celui édictant « sans intérêt, pas d'action », le moyen pris de ce que le juge d'appel a reçu les appels du Ministère public manifestement dépourvus d'intérêt et qui, après l'acquiescement du second défendeur au jugement incriminé, ne pouvait pas former appel contre une décision déclarant irrecevable la citation directe et ne prononçant pas de peine, son appel visant l'augmentation ou la diminution des condamnations prononcées à moins que son intervention se soit appuyée sur l'article 8 du code d'organisation et de compétence judiciaires.[74]

---

[74] Bulletin des arrêts de la Cour Suprême de Justice, Années 2004 à 2009, Tome I, Editions du Service de Documentation et d'Etudes

b.3. CSJ, 28/2/1990, RC 1258, aff. BAEBA NKALI LUALABA c/ Jean DEMOULIN

Est fondé et entraîne l'irrecevabilité du pourvoi, l'exception tirée de la violation du principe général du droit « pas d'intérêt, pas d'action » et de l'article 2 du code de procédure devant la Cour suprême de justice, étant donné que le demandeur avait acquiescé à l'arrêt entrepris par déclaration notariée et qu'il s'ensuit le défaut d'intérêt dans son chef à venir en cassation contre ledit arrêt.[75]

Observation

L'acquiescement à un jugement suppose qu'une partie au procès n'introduise aucun recours contre ce jugement, ni ne pose un acte tendant à s'opposer à ce jugement ou encore à exécuter ce qui a été décidé, par exemple en payant les sommes auxquelles il aura été condamné. Or, il appert de l'arrêt sous RC 163 opposant *MORAIS GRALAWO à la Compagnie Agricole et commerciale* que l'appelant avait introduit les défenses à exécuter, lesquelles supposent qu'un appel ait été interjeté au préalable car cette procédure ne peut être entamée sans l'existence d'un appel.[76]

En interjetant appel et introduisant les défenses à exécuter, il est clair que l'appelant n'a pas acquiescé au jugement. Le fait pour lui d'avoir relevé appel démontre qu'il avait intérêt à voir l'œuvre du premier juge être réformée. C'est donc de bon droit que la CSJ a déclaré, par son arrêt du 29/08/1979, non fondées les fins de non

---

du Ministère de la Justice et Garde des Sceaux, Kinshasa, 2010, p. 46.

[75] Bulletin des arrêts de la Cour Suprême de Justice, Années 1990 à 1999, Editions du Service de Documentation et d'Etudes du Ministère de la Justice, Kinshasa, 2003, p.9.

[76] NTETIKA MBAKATA (JA), op. cit., pp. 52 et ss.

recevoir tirées de la violation du principe général de droit « pas d'action sans intérêt », dès lors que le comportement du demandeur *MORAIS GRALAWO démontre qu'il n'a guère acquiescé à la décision attaquée.*

Prior tempore potior jure

Traduction : Premier en date, préférable en droit ;

Commentaire de l'adage.

Les droits du premier dans le temps l'emportent sur celui qui est venu après dans le temps en cas de pluralité de certificats d'enregistrement portant sur le même fonds ou immeuble, par exemple l'on retient celui qui est premier en date au détriment de celui qui a été établi postérieurement, pourvu qu'il ait un titre régulier.

En outre, la constitution d'Antonin est prise pour régler le problème de l'antériorité entre deux créanciers hypothécaires qui exercent leur droit sur le même bien : si *fundum pignori accepisti antequam rei publicae obligaretur, sicut prior es tempore, ita potior jure* : si tu as accepté un fonds à titre de gage avant qu'il ne soit obligé à l'Etat, de même que tu es premier en date, de même es-tu préférable en droit. La règle inspirée par l'équité a été reçue par l'ancien droit ; Pothier (*traité de l'hypothèque, 150*) précise qu'entre des créanciers du même jour celui dont le titre porte avant midi doit être préféré à celui dont le titre ne fait mention que du jour, « car l'acte de ce dernier ayant pu n'être fait qu'à la dernière heure et par conséquent est postérieur à celui qui a une date avant midi ».

Illustration

CSJ, 16/4/1980, RC 349, inédit.

L'adage juridique "Prior (in) tempore prior=potior jure" qui consacrerait le droit du premier occupant n'est pas un principe général du droit en matière immobilière ou c'est le certificat d'enregistrement qui fait pleine foi de la concession, des charges réelles et éventuellement des droits de propriété qui y sont specifiés.[77]

Observation

En matière immobilière congolaise, le bien immobilier peut être couvert soit par le certificat d'enregistrement soit par le contrat de location ou le contrat d'occupation provisoire.

A l'occasion d'un conflit immobilier ou foncier, seuls ces actes prévalent devant les cours et tribunaux, en terme de preuve. Il serait donc inadmissible de faire recours à l'adage juridique "Prior (in) tempore prior=potior jure" si une partie au procès ne détient pas un de ces actes.

Cependant, il existe des conflits fonciers pour lesquels aucune des parties ne possède l'un des actes susmentionnés. Dans les milieux ruraux voire urbains peu de personnes sont détentrices de contrat de location ou certificat d'enregistrement pour les fonds qu'elles occupent.

Nos recherches nous ont permis de constater que la population congolaise dans sa grande majorité se soucie peu de la sécurité de son patrimoine immobilier par

[77] DIBUNDA, op. cit., p. 182.

l'obtention du certificat d'enregistrement, du contrat de location ou du contrat d'occupation provisoire.

A notre avis, dans l'hypothèse où le conflit foncier oppose deux justiciables dépourvus de ces différents actes le recours à l'adage juridique "Prior (in) tempore prior=potior jure" paraît approprié pour résoudre ce genre des litiges. Rejeté cet adage au motif pris qu'en matière immobilière c'est le certificat d'enregistrement qui fait pleine foi de la concession, des charges réelles et éventuellement des droits de propriété qui y sont spécifiés, c'est ignorer le contexte du conflit immobilier et foncier congolais tel que relevé ci-haut.

Nous pensons que la CSJ a intérêt à revenir sur sa position en adoptant l'adage juridique "Prior (in) tempore prior=potior jure" comme principe général du droit en matière immobilière, dans certains des litiges.

Aussi, tous les litiges immobiliers qui ne seraient pas appuyés par un certificat d'enregistrement, un contrat de location ou un contrat d'occupation provisoire, pourraient être résolus sur base de l'adage juridique "Prior (in) tempore prior=potior jure" ou celui libellé en ces termes "**primo occupanti potior jure**" signifiant "au premier occupant, la proirité" de droit.

Reformatio in pejus

Traduction de l'adage : Le sort de l'appelant ne peut être aggravé sur son seul appel ;

Commentaire de l'adage.

En vertu de l'article premier de l'ordonnance du 14 mai 1886, approuvée par le décret du 12 novembre 1886, en l'absence d'un recours du Ministère Public, la situation du prévenu ne peut être aggravée ».

Il est de doctrine constante que les circonstances aggravantes sont obligatoires, en ce sens que le juge qui en constate l'existence est obligé d'en tenir compte, puisqu'il doit donner au fait dont il est saisi sa véritable qualification.

Toutefois, si la circonstance aggravante n'a pas été relevée par le premier juge, la juridiction d'Appel ne peut pas en tenir compte si elle est saisie par le seul prévenu, car la situation de ce dernier ne peut jamais être aggravée sur son seul appel.

Il a été jugé que si le juge intervient à la suite d'une voie de recours exercée par le seul prévenu, il ne peut plus relever la circonstance aggravante qu'avait omise le premier juge. Il a encore été jugé que lorsqu'un jugement par défaut n'a pas été frappé d'appel par le Ministère Public, la cour ne peut aggraver la situation du prévenu résultant du jugement par défaut. Il a été aussi jugé que, sur les seuls appels du prévenu et de la partie civilement responsable, le juge d'appel ne peut supprimer le sursis accordé au prévenu par le premier juge, alors qu'il ne réduit la peine prononcée par celui-ci.

Une voie de recours ne peut donc jamais porter préjudice à celui qui l'exerce seul.[78]

Pour finir, il convient de souligner que la situation du prévenu qui ne doit pas être aggravée ne se limite pas seulement à la peine de servitude pénale comme on pourrait le penser d'emblée, mais à bien d'autres mesures pénales.

---

[78] Mushigo-A-Gazanga Gingombe (R), Les principes..., *op. cit.*, p. 83.

Illustration

c.1. CSJ, 4 mai 1974, RPA 26, aff. MP c/ BOJI NTOLE et csrt, BA, 1975, p. 74

Les prévenus étant seuls en appel, les peines à infliger ne peuvent être supérieures à celles du premier juge.

c.2. CSJ, 27 avril 1977, RP 108, aff. EISENTEN c/ MP et TSHILOMBO, BA 1978, p. 87

Doit être soulevé le moyen basé sur le principe général de droit selon lequel le juge ne peut aggraver la situation pénale du prévenu sur le seul appel de la partie civile.

c.3. CSJ, 11 novembre 1980, RP 261, aff. TSHIMPANGA c/ MP et SEKA KALEMBA

L'acquittement du prévenu au premier degré n'empêche pas la partie civile de poursuivre ses prétentions au degré d'appel. Son appel ne visant que les intérêts civils, si le juge d'appel estime que c'est à tort que le premier juge a déclaré les faits non établis, il se bornera à statuer uniquement sur les seuls intérêts civils pour la réparation du préjudice que ces faits ont causé (voir les articles 66 CPP et 113 COCJ).

c.4. CSJ, 4/7/1977, RP 191, Bull. 1978, p. 58 ; CSJ, 24/8/1977, RP 208, Bull. 1978, p. 87

Le principe général du droit selon lequel la situation du prévenu ne peut être pénalement aggravée au degré d'appel sur le seul appel de la partie civile est violé si la juridiction d'appel examinant cet appel a condamné le demandeur pénalement alors qu'il avait été acquitté au premier degré.[79]

Observation

Dans les quatre arrêts, la CSJ tient scrupuleusement au respect de l'adage « **reformatio in pejus** » ou encore « **A maxima (poena)** ». Cependant, il y a lieu de noter que le juge d'appel est fondé à revoir à la hausse les dommages intérêts qui sont une condamnation civile, dans le cas où il estime que le premier juge n'a pas correctement évalué le préjudice subi par la partie civile.

Par ailleurs, le juge d'appel peut condamner le prévenu aux dommages-intérêts quand bien même celui-ci aurait été acquitté par le premier juge. Pour ce faire le juge d'appel doit démontrer que le jugement d'acquittement n'était pas bien rendu et démontrer au préalable que l'infraction est établie quand bien même il n'en condamnera pas le prévenu aux peines pénales.

Cependant, au regard de ce principe, le juge d'appel ne va pas condamner pénalement le prévenu mais par contre il est en droit de le condamner aux dommages-intérêts le cas échéant. C'est ce qui ressort de l'arrêt visé au point c.3.
Res judicata pro veritate habetur

---

[79] DIBUNDA, op. cit., pp. 181 et 183.

Traduction de l'adage : La chose jugée est tenue pour vraie ;

Commentaire de l'adage.

Axiome de l'ancien droit, toujours en vigueur : Chose jugée, chose démontrée ; Arrêt rendu vaut titre formel.

En effet, une présomption de vérité est attachée à la décision du juge ; res judicata pro veritate habetur. La chose irrévocablement jugée couvre même les erreurs du jugement.

En outre, une loi nouvelle promulguée après le jugement passé en force de la chose jugée ne peut porter atteinte à cette décision. Sauf si la loi nouvelle crée un véritable droit nouveau au profit de l'une des parties ou s'applique rétroactivement à toutes les situations antérieures, même irrévocablement jugées.[80]

Illustration

CSJ, 26/5/1993, RC 01/TSR, aff. KINGU MIKANDA c/ SOCIETE DES BRASSERIES, LIMONADERIE ET MALTERIES (BRALIMA)

Fait une fausse application du principe de l'autorité de la chose jugée et viole l'article 227 du code civil, livre III, le juge de renvoi auquel il est reproché d'avoir décidé qu'il y a autorité de la chose jugée et que le juge pénal a vidé tout litige, alors que l'action publique tendait à ce que l'infraction de faux en écritures soit déclarée établie et à la condamnation de la demanderesse, civilement

[80] Mushigo-A-Gazanga Gingombe (R), Les principes…, op. cit., p. 98.

responsable, au paiement des dommages-intérêts et que l'action civile visait la restitution de l'objet litigieux et l'actualisation des dommages-intérêts, car l'autorité de la chose jugée exige que la chose demandée soit la même, que la demande soit fondée sur la même cause, mue entre les mêmes parties et formée par elles et contre elles et en la même qualité ; ceci n'étant pas le cas en l'espèce, c'est à tort que le juge de renvoi y a appliqué l'exception de l'autorité de la chose jugée et n'a pu vider sa saisine.[81]

Ultra petita

Traduction de l'adage : Au-delà de la demande.

Commentaire de l'adage

Ce principe général du droit interdit au juge de juger au-delà de ce qui lui a été demandé par les parties dans l'acte introductif d'instance et les conclusions. Il est lié au principe dispositif que d'aucuns qualifient du principe d'immutabilité du litige qui signifie que dès que l'activité du juge est déclenchée par la demande en justice, le magistrat est enfermé dans le lien d'instance tel que les parties l'ont tressé.

La règle de l'immutabilité du litige s'applique également à lui. Il ne peut statuer, ni infra, ni ultra petita, sans exposer sa décision à être réformée ou cassée. C'est, en effet, l'avis de Jacques Boré et Louis Boré qui estiment que le pourvoi en cassation est une voie de recours parfaitement appropriée puisque le juge a violé les articles

---

[81] Bulletin des arrêts de la Cour Suprême de Justice, Années 1990 à 1999, Editions du Service de Documentation et d'Etudes du Ministère de la Justice, Kinshasa, 2003, pp. 88 et 89.

4 et 5 du Code de procédure civile qui lui interdisent de modifier l'objet du litige.[82]

Pour sa part, F. Rigaux souligne que « Chaque fois que le juge statue sur des choses non demandées, il le fait ultra petita ».

En effet, lorsque la juridiction de fond excède les limites du litige dont elle était saisie, elle statue ultra petita ; en matière pénale par exemple, le juge qui aggrave la peine sous l'opposition du prévenu condamné par défaut, ou, en appel, si le ministère public n'a pas suivi l'appel du condamné, statue ultra petita. De même, le juge qui a statué sans être régulièrement saisi de l'action a jugé ultra petita. La CSJ, dans son arrêt du 22 janvier 1975, sous R.C. 95, a déclaré que : « Le juge ne peut statuer sur une demande différente de celle qui a été portée devant lui par les parties au procès » Et d'ajouter :

« Dit pour droit que la juridiction de renvoi ne devra se prononcer que dans les limites de la demande telle que fixée par les parties ».[83]
Illustration et observation

c.1. CSJ, 29 janvier 1975, RP 95, aff. MBAYA et csrt c/ Sté IMMOBILIERE LOFOMO, BA 1976, p.9

Le juge ne peut statuer sur une demande différente de celle qui a été portée devant lui par les parties au procès.

---

[82] Jacques Boré et Louis Boré, La cassation en matière civile, 4è éd, Dalloz, Paris, juin 2008, p. 139.
[83] Mushigo-A-Gazanga Gingombe (R), Les principes..., *op. cit.*, p. 71.

c.2. CSJ, RC 204, 21 décembre 1978, aff. OLENGA c/ BCZ, BA 1979, p. 160

En statuant sur la recevabilité d'un appel d'une cause où la Cour n'avait été saisie que d'une requête en défense à exécuter qui constitue un acte distinct de l'acte d'appel, celle-ci a méconnu le principe général de droit suivant lequel on ne doit statuer ultra petita, ce qui entraine, en raison de ce moyen d'ordre public, cassation d'office.

c.3. CSJ, 1er septembre 1977, aff. MAKELELE c/ MAKOMBO, BA 1978, p. 128

En statuant sur le droit de propriété, point de droit non controversé devant elle, la Cour a dépassé les limites de sa saisine et entraine cassation totale.

c.4. CSJ, audience publique du 25 août 1987, RP 813

Viole les articles 54 et 98 du code de procédure pénale et statue ultra petita, le juge d'appel qui condamne le demandeur au remboursement de la somme non postulée par la partie civile alors que celle-ci s'est limitée à demander au juge de constater l'existence de l'infraction de détournement de la contre-valeur de la chose volée et de condamner le prévenu aux dommages intérêts du chef de cette infraction et non au remboursement de la contre-valeur qui avait déjà eu lieu.[84]

[84] Bulletin des arrêts de la Cour Suprême de Justice, Années 1985 à 1989, Editions du Service de Documentation et d'Etudes du Ministère de la Justice et Garde des Sceaux, Kinshasa, 2002, pp. 365-366.

c.5. CSJ, audience publique du 18 août 2006, RC 1965, aff. KIAMFU DIASISUA c/ MANKEMBI DIAMONA et MUKOKO MUE

Est fondé et entraîne cassation sans renvoi, le moyen pris de la violation de l'article 1er de l'ordonnance du 14 mai 1886 rendant applicables les principes généraux de droit dont celui « le juge saisi par le ministère public de l'annulation des jugements rendus antérieurement pour violation de l'autorité de la chose jugée entre les mêmes parties et pour le même objet a, après avoir annulé lesdits jugements, statué à nouveau sur la propriété des terres querellées, demande non contenue dans la requête du ministère public.[85]

c.6. CSJ, RC 433 du 30/03/1983[86]

Le juge saisi d'une requête en défense d'exécuter ne statue que sur cette requête sans aborder le fond du litige.

Observation

Ces arrêts ne sont pas susceptibles d'observation particulière eu égard à leur clarté fondée sur l'adage « **Ultra petita** » qui a le même sens que l'adage « **Plus petitio** ».

En dehors des adages que nous venons d'examiner et qui trouvent une application directe dans les arrêts de la CSJ, il se trouve qu'il existe beaucoup d'autres adages qui peuvent utilement et valablement être utilisés par la CSJ.

---

[85] Bulletin des arrêts de la Cour Suprême de Justice, Années 2004 à 2009, Tome I, Editions du Service de Documentation et d'Etudes du Ministère de la Justice et Garde des Sceaux, Kinshasa, 2010, p. 304.

[86] NTETIKA MBAKATA, op. cit, p. 67

CHAPITRE III

LES AUTRES ADAGES SUSCEPTIBLES D'ETRE APPLIQUES PAR LA COUR DE CASSATION

Ce point renferme vingt-et-un adages qui, à la lumière de nos recherches, n'ont pas connu une application par la Cour de cassation. Néanmoins, ils sont tellement utiles, si pas nécessaires, pour le travail dévolu à la Cour de cassation, que nous avons jugé opportun de les examiner, en suivant pratiquement la même méthodologie lors de l'examen des adages appliqués par la Cour de cassation.

Cependant, il y a lieu de relever que bien que dépourvus d'une application par la Cour de cassation, certains de ces adages connaissent une illustration des juridictions de fond. Aussi avons-nous jugé utile de faire état des décisions judiciaires de ces juridictions dont certaines sont pourvues de nos observations.

Consensus non concubitus facit nuptias

Traduction de l'adage : C'est le consentement, non le coucher (la cohabitation) qui fait le mariage ;

Commentaire de l'adage.

Le mariage, en tant que contrat, est soumis aux conditions générales de formation et de validité des contrats énumérées par l'art. 8 du CCC L III dont le consentement des parties fait partie.

Il requiert entre autres comme condition de formation, le consentement des époux, prévu par l'article 351 du code de la famille, et non la cohabitation. Celle-ci, à savoir la cohabitation, est en revanche un des effets extra

– patrimoniaux de mariage consacré par l'article 453 du même code.

La cohabitation ne justifie pas le lien de mariage comme certains esprits tentent de le soutenir moins encore le concept « fama ». En effet, le concept « fama » est abusivement associé à la possession d'état pour prouver l'existence de mariage. La possession d'état se trouve être l'un des modes de preuve du mariage, ce qui veut dire que la possession d'état implique l'existence du mariage entendu comme un acte solennel par lequel un homme et une femme établissent entre eux une union dont les conditions, les effets et la dissolution sont régis par les dispositions juridiques en vigueur dans leur pays, les lois religieuses ou par la coutume.[87]

Sous l'empire du code de la famille congolais, les conditions pour contracter le mariage sont relatives à l'âge des futurs conjoints, à leur consentement et à la remise de la dot par le fiancé.

La possession d'état ne peut être évoquée que dans le cas où la preuve par excellence à savoir l'acte de l'état civil ou l'acte de mariage a disparu, a été détruit (article 438 code de la famille).[88] Elle ne se conçoit nullement en dehors du mariage, elle n'est pas non plus synonyme de concubinage.

La possession d'état formulée par la doctrine ne s'éloigne pas de la loi. En effet, GUILLIEN et VINCENT

---

[87] Petit Larousse Illustré, les Editions françaises Inc, Paris, 1990, p. 601.

[88] A. SOHIER, Droit Civil du Congo Belge, T.I, Les Personnes et la Famille, Larcier, Bruxelles, 1956, p. 248.

estiment que la possession d'état renferme en son sein trois éléments désignés par des mots latins.[89] Il s'agit de :

Nomen : la personne porte le nom correspondant à l'état dont elle a la possession.

Tractus : la personne est considérée par son entourage (sa famille) comme ayant l'état mis en cause. Aussi la famille est-elle mise en contribution pour démontrer que le mariage a eu lieu en produisant certains actes comme les registres, papiers émanant des père et mère ou en présentant certains témoins. Ceux-ci auront la charge de prouver entre autres que la dot a bel et bien été remise.

Fama : La personne a réputation aux yeux du public d'avoir l'état dont apparence est donnée.

A notre sens, le terme « public » renvoie aux personnes qui ont assisté au mariage notamment les témoins repris par l'article 438 alinéa 2 du code de la Famille.

Illustration

c.1. CA/Matete, 23/3/2006, RCA 5029/5058, aff. Madame Odette TSHITOMBOKA c/ Paul MWAMBA et csrt, inédit

En fait, l'article 436 du code de la famille dispose que la preuve de mariage se fait ordinairement par la production de l'acte de mariage ou du livret de mariage dressé lors de son enregistrement ou lors de sa célébration ;

---

[89] Raymond GUILLIEN et Jean VINCENT, Lexique de termes juridiques, Dalloz, Paris, 1988, p. 349.

L'article 438 al.1 ajoute « à défaut de l'acte de l'état civil, le mariage est prouvé par la possession d'état d'époux, en son al.3, ce texte précise : « la possession d'état d'époux est prouvée en présentant plus d'un témoin, parents ou non des intéressés. Elle peut être contestée de la même manière » ;

Se référant aux pièces versées au dossier, la Cour constate que l'intimé MWAMBA TSHITSHI a versé au dossier une attestation de mariage dépourvue des numéros folio et volume c'est-à-dire non enregistré au registre de l'état civil de KABARE (Sud Kivu) ; par ailleurs établie le 26/01/2004 alors que le 1er juge était saisi de leur différend depuis le 14/10/2003 ;

Ainsi, dit-elle, elle ne peut considérer pareille attestation de mariage établie sans nul doute durant la période suspecte ;

Elle relève par ailleurs que l'intimé MWAMBA TSHITSHI a invoqué la possession d'état d'époux pour prouver les liens de mariage qui l'unissent à l'appelante ;

La Cour estime qu'il a été, à tort, suivi par le premier juge car, au regard de l'al. 3 de l'article 438 du Code de la famille suscité, la possession d'état d'époux se prouve et ce litige relève de la compétence du juge de paix conformément à l'article 100 du Code de l'organisation et de la compétence judiciaires, il s'ensuit, observe la Cour, que faute de preuve de la possession d'état d'époux, le sieur TSHISTHI ne peut se prévaloir des prescrits de l'article 499 du Code de la famille réservés uniquement aux époux à l'égard de leurs épouses, partant son action originaire sera dite irrecevable.

Observation

La possession d'état ne suppose pas la vie commune moins encore l'existence des enfants. Une telle conception est dangereuse dans la mesure où elle tend à muer le concubinage et les unions libres en mariage encourageant ainsi la dépravation des mœurs et bafouant les règles présidant au mariage.

La possession d'état d'époux se trouve être l'un des modes de preuve du mariage, ce qui veut dire que la possession d'état implique l'existence du mariage. Elle ne peut être évoquée que dans le cas où la preuve par excellence à savoir l'acte de l'état civil, en l'occurrence l'acte de mariage, a disparu, a été détruit.[90]

Comme le premier juge s'est écarté de ce raisonnement, c'est donc à bon droit que la CA/Matete a annulé le jugement a quo.

Exceptio non adimpleti contractus

Traduction de l'adage : Exception d'inexécution de son obligation par un cocontractant tant que l'autre partie n'a pas exécuté la sienne ;

Commentaire de l'adage.

En principe, les prestations promises par les contractants doivent être exécutées simultanément. Ainsi, dans la vente, l'acheteur paie le prix en même temps qu'il prend livraison de la chose. De là, il résulte que si l'un des

---

[90] Article 438 code de la famille ; Sohier, Droit Civil du Congo Belge, T.I, Les Personnes et la Famille, Larcier, Bruxelles, 1956, pp. 248-249.

contractants n'exécute pas son obligation au moment où il doit, l'autre peut refuser lui-même de s'exécuter et opposer à la demande de l'autre contractant l'exceptio non adimpleti contractus ou l'exception d'inexécution.

Ainsi, le garagiste locataire d'ouvrage ne peut être tenu de payer les dommages et intérêts au maître d'ouvrage pour le retard dans l'exécution de ses obligations lorsque le retard invoqué est provoqué par la violation par le maître d'ouvrage de ses propres obligations de fournir des pièces nécessaires en temps utile et de payer d'avance le prix convenu.

De même, le paiement d'un salaire durant la suspension d'un contrat de travail n'est pas dû, vu que dans ce contrat synallagmatique, le défaut de prester le travail entraîne en contrepartie le défaut de paiement du salaire.

Le contrat en lui-même n'est pas pour autant annulé, il subsiste. La seule question qui se pose est que l'une des parties ne va pas exécuter son obligation tant que l'autre, le débiteur, ne le fait pas. L'extinction du contrat ne peut intervenir qu'en justice à la suite d'une action en résolution.

Il y a lieu de relever que cette exception (Exceptio non adimpleti contractus) reprise du droit romain, n'est nulle part énoncée dans le code Napoléon ni dans notre code civil. Chez nous, les applications les plus saillantes de cette exception ont été faites en matière de vente (code civil, livre III, art 278, 289 et 290). Mais la jurisprudence a étendu les solutions des articles précités aux autres contrats synallagmatiques.[91]

---

[91] KALONGO MBIKAYI, op. cit., p. 133.

Exceptio rei judicatae

Traduction de l'adage : Exception de chose jugée.

Commentaire de l'adage.

Il s'agit de la fin de non-recevoir par laquelle il est soutenu que le demandeur a perdu le droit d'agir parce que l'affaire a déjà été jugée. Pour que *l'exceptio rei judicatae* soit accueillie, on doit constater, entre l'ancien et le nouveau procès, une triple identité. Une identité d'objet : il faut que la matière à débattre soit rigoureusement la même que celle précédemment mise en discussion (on peut réclamer l'usufruit d'une chose dont on a été déclaré non propriétaire au paravent). Une identité de cause : la nouvelle demande n'est irrecevable que si son fondement est identique à celui invoqué la première fois (rien n'interdit de se prévaloir successivement d'un vice de forme, d'un vice de capacité ou d'un vice du consentement). Une identité des parties : l'instance actuelle doit opposer les mêmes plaideurs agissant en la même qualité (il est permis, après avoir plaidé en son propre nom, de prendre la prétention d'origine pour le compte d'autrui).

L'exception de chose jugée, bien qu'elle repose sur des considérations d'ordre public (assurer la stabilité des situations juridiques et sauvegarder la dignité de la justice), est traitée par la jurisprudence comme un moyen d'intérêt privé. En conséquence, elle ne peut être relevée d'office par le juge, elle est susceptible de renonciation par la partie intéressée, elle ne peut être invoquée pour la première fois devant la cour de cassation.

Ex nihilo nihil

Traduction de l'adage : De rien.

Commentaire de l'adage

Célèbre aphorisme résumant la philosophie de Lucrèce et d'Epicure, mais tiré d'un vers de Horace (*Satires, III, 24*), qui commence par De nihilo nihil (*Rien ne vient de rien, c'est-à-dire Rien n'a été tiré de rien. Rien n'a été créé, mais tout ce qui existe existait déjà en quelque manière de toute éternité*).

In pari causa turpitudinis repetitio cessat

Traduction : Il n'y a pas lieu à répétition si les deux parties sont pareillement associées à la turpitude.
Commentaire de l'adage

Cet adage a été beaucoup utilisé. Il vise le cas où le contrat nul a été exécuté, et où une partie invoquant sa propre immoralité demande la répétition, c'est-à-dire la restitution de ce qu'elle a payé en exécutant un contrat. Dans la doctrine française, on envisage ici l'hypothèse où la turpitude est appréciée de façon égale chez les deux parties.

Mais cette thèse n'est pas adoptée en droit belge ou l'on applique l'adage même lorsque la turpitude ne se trouve que d'un seul côté.

La question revient à savoir si le juge ainsi saisi accordera ou non la restitution de ce qui a été payé, c'est-à-dire, les prestations fournies. Plusieurs solutions ont été proposées.

Certains, interprétant de façon très stricte l'article 30 du Code civil, livre III qui dispose que les contrats sur une cause illicite et immorale n'ont aucun effet, enseignent que la restitution n'aura absolument pas lieu, qu'il y a lieu de rejeter la demande en restitution.

On a critiqué cette position en prétendant que le refus de l'action en répétition aboutissait, contrairement au prescrit de l'article 30 du Code civil congolais, à donner effet à une nouvelle convention illicite, étant donné que le statu quo ante n'était pas rétabli, le créancier gardant les prestations fournies alors que la conséquence de la nullité eût été de restituer toutes ces prestations reçues en suite du contrat immoral ou illicite.

Les tenants de cette première position que nous exposons se sont justifiés en disant que les termes de l'article 30 sont généraux et qu'au surplus, ce que la loi combat, c'est l'indignité et la déloyauté du demandeur en répétition et que c'est cette indignité qui fait débouter ce dernier de son action en répétition.

Certains auteurs ont pensé qu'il ne fallait écarter l'action que lorsqu'elle émanait d'un solvens informé du caractère immoral de l'acte. Cette tendance semble ainsi protéger le solvens de bonne foi, mais aurait contracté avec un accipiens informé du caractère immoral de l'acte. *Cette solution n'est pas défendable, car nous l'avons déjà dit, dès que l'ordre public est intéressé, il importe peu que la connaissance du caractère immoral soit le fait des deux parties ou d'une seule. Il suffit qu'une seule des parties ait cherché le but immoral pour que l'acte soit nul de nullité absolue*.

Certains autres ont cru soutenir la restitution lorsque le contrat n'était contraire qu'à l'ordre public et aux bonnes mœurs (moralité sexuelle). Dans ce dernier cas, il y aurait toujours refus. Cette solution est mal fondée, car l'article 32 assimile, nous le savons, la cause immorale à la cause illicite. L'une et l'autre thèse entraîne en pratique des inconvénients, notamment le fait de sanctionner le contractant de bonne foi.

C'est pourquoi, les tendances dominantes consistent à ne pas appliquer de façon aveugle la maxime étudiée, « les tribunaux, dans chaque cas, doivent se demander quelle est la solution la meilleure, le refus de l'action ou non, pour sanctionner l'immoralité ou l'illicéité commise et n'admettre le refus de l'action que lorsque cette sanction n'entraîne pas des inconvénients plus graves que ceux qui résulteraient de son défaut d'application, ce qui est le cas, notamment lorsque la turpitude du demandeur est moindre que celle du défendeur auquel profiterait le rejet de l'action… ». *Le juge s'inspirera donc, non point de l'intérêt des parties, mais uniquement de l'intérêt public ; il recherchera, dans le cas d'espèce qui lui est soumis, si la sanction que constitue la nullité absolue établie par l'article 30 du Code civil congolais, sera rendue plus efficace par le rejet de la répétition que par l'accueil de celle-ci, accueil qui est la conséquence normale de la nullité.*[92]

---

[92] KALONGO MBIKAYI, Droit civil, Tome I. Les obligations, Editions Centre de Recherche et de Diffusion Juridiques, Kinshasa, pp. 102 et 104.

Jus quaesitum firmum

Traduction de l'adage : Droit acquis.

Commentaire de l'adage

Il est fait à la notion du droit acquis spécialement pour résoudre les conflits de loi dans le temps, lorsqu'on cherche, en vertu du principe de l'effet immédiat de la loi, à assigner aux deux lois successives des époques respectives d'application. La jurisprudence décide que, si la loi nouvelle saisit les situations juridiques préexistantes à sa promulgation, elle ne saurait porter atteinte aux droits qui ont été régulièrement acquis sous l'empire de l'ancienne loi. L'intangibilité des droits acquis signifie que la loi nouvelle ne peut remettre en question – sinon elle serait rétroactive - ni le procédé d'acquisition des droits subjectifs existant ou le mode de création des situations légales antérieures, ni les procédés d'extinction des droits subjectifs ou des situations légales qui ont disparu. A supposer, par exemple, qu'une loi supprimât le divorce, elle demeurerait inopérante à l'égard des divorces déjà prononcés : les ex-conjoints auraient un droit acquis à rester divorcés.

Parlant de droits acquis, le Professeur VUNDUAWE relève que les actes individuels, lorsqu'ils sont créateurs de droits réguliers, accordent des droits inattaquables (droits acquis ou beati possidentes), en vertu du principe d'intangibilité ou d'inattaquabilité des effets individuels des actes administratifs.

En revanche, les actes réglementaires n'accordent pas des droits inattaquables ; ceux-ci sont modifiés en raison de l'intérêt général, en vertu du principe de la loi du changement.[93]

Il nous paraît, par ailleurs impérieux de préciser qu'un acte individuel jouit du principe de droit acquis à une triple condition.

En effet, il doit s'agir en premier lieu d'un acte individuel entendu comme celui ayant une portée précise visant entre autres une ou plusieurs personnes.

En deuxième lieu cet acte individuel doit être régulier du point de vue de la forme et du fond.

Enfin, il doit être créateur des droits et susceptibles de conférer des droits subjectifs.

Pareil acte, pris par une autorité administrative, ne peut nullement être retiré en vertu du principe de droit acquis.

Nemo contra se edere tenetur

Traduction : Nul n'est tenu de produire contre soi.

Commentaire de l'adage

Maxime dérivant du principe dispositif et d'après laquelle un plaideur ne peut pas exiger de son adversaire la production d'un titre ou la présentation d'un objet dont l'examen servirait à justifier sa prétention. Loysel écrivait, avec son pittoresque habituel : « jamais on avance les verges dont on est battu ».

---

[93] Félix VUNDUAWE te PEMAKO, Traité de droit administratif, Editions Larcier, Bruxelles, p. 668.

Il est naturel, en effet, qu'on ne puisse demander à une partie plus que de fournir ses preuves, qu'elle ne soit pas tenue d'en procurer à son adversaire. Ainsi on a considéré qu'on ne pouvait exiger du plaideur la production de documents « qu'on sait être en sa possession, dans lesquels son adversaire pourrait trouver la preuve de son propre droit, mais dont il s'abstient lui-même de faire usage ».

On trouve au code de justinien (7, 4, 20) cette formule très explicite : *intentionis vestrae proprias offerre debetis probationes, non adversus se ab adversariis adduci* (vous devez produire vos propres preuves à l'appui de votre demande, mais l'adversaire ne peut vous contraindre à prouver contre vous).

Il y a lieu de constater que cet adage est à l'antipode du brocard latin « **ad exhibendum** » qui se traduit par « en vue de montrer ». Utilisé en matière probatoire, l'action ad exhibendum oblige une partie au procès ou un tiers à produire certaines pièces qu'il détiendrait de par devers soi.

Mais on peut se demander si l'une des parties peut obliger l'autre à communiquer une pièce qu'elle ne désire pas produire et ce, dans le but d'en tirer profit, spécialement au point de vue de la preuve qui lui incombe. En d'autres termes, une partie peut-elle engager contre l'autre une action ad exhibendum ?

C'est au juge qu'il appartiendra dans chaque cas de déterminer s'il y a lieu d'ordonner la communication des pièces dont l'autre partie ne fait pas usage et qui sont en sa possession. Le tribunal prendra en considération l'intérêt de la bonne administration de la justice mais il n'usera de ce pouvoir qu'avec une grande prudence et une grande circonspection. A ce sujet, le professeur E. LAMY renvoi au jugement Elis. 4.1.1955, R.J.C.B. 1955, p. 105.

C'est pourquoi, pour assurer la loyauté de celle-ci, lorsqu'une partie soulève contre l'autre le bénéfice de la production des pièces (action ad exhibendum) ou bien lorsque le tribunal l'estime nécessaire pour l'examen de la cause, il nous paraît que s'il existe des présomptions graves, précises et concordantes de la détention par l'une des parties ou même par un tiers d'un document contenant la preuve d'un fait pertinent, le tribunal se trouve alors en droit d'en ordonner la production. Ce critère suggéré est celui que le nouveau code judiciaire belge a légalisé (articles 877 à 882 du code de procédure civile belge). Il en est de même en France, par le décret récent du 16 septembre 1972 (cons. FETTWEIS, n° 298, syllabus et J. VINCENT, précité, n° 707).[94]

En effet, cet adage s'applique à la demande d'un plaideur tendant à obtenir la production d'une pièce susceptible d'établir la réalité de ses allégations que détient son adversaire ou un tiers.

Nemo dat quod non habet

Traduction : Personne ne donne ce qu'il n'a pas.

Commentaire de l'adage

Quant aux explications de ce brocard, il est demandé au lecteur de se référer au commentaire consacré à l'adage « Nemo plus juris ad alium transferre potest quam ipse habet ».

---

[94] E. LAMY, Cours de procédure civile, année académique 1975-1976, UNAZA, Faculté de Droit-Campus de Kinshasa, pp. 146-147.

Nemo plus juris ad alium transferre potest quam ipse habet

Traduction de l'adage : Nul ne peut transférer à autrui plus de droit qu'il n'en a.

Commentaire de l'adage

L'adage d'Ulpien est une maxime d'évidence. On ne donne pas ce qu'on n'a pas (Nemo dat quod non habet). Seul, peut-être, le roi de France aurait fait exception au principe, encore que, en son temps, l'adage « Le roi peut donner la chose d'autrui » ait été très controversé et qu'à tout prendre, il ait été davantage une expression de souveraineté que de propriété. La transmission des droits obéit au principe de la conservation qui rejette, sur son parcours, toute possibilité d'accroissement. L'ayant cause ne peut jamais recevoir de son auteur plus de droit que celui-ci n'en avait et ainsi in infinitum, dans la suite des transmissions, du premier acquéreur au dernier. L'autorité de l'adage est absolument irréfragable.

Cet adage trouve une consécration heureuse dans le code civil congolais livre III, spécialement en son article 276 qui stipule : « La vente de la chose d'autrui est nulle ».

Per usucapionem

Traduction : Par usicapion.

Commentaire de l'adage et illustration

Mode d'acquisition de la propriété par une possession prolongée. En droit positif, comme précédemment, la prescription est à la fois un mode de preuve et un mode d'acquisition de propriété. Le délai de droit commun est de trente ans ; il s'accomplit même à l'égard du possesseur de mauvaise foi. A côté de la prescription trentenaire, existe une prescription abrégée par dix ou vingt ans qui réclame juste titre et bonne foi.

En droit congolais, la prescription acquisitive est prévue à l'article 648 CCLIII et à l'article 51 de la loi foncière. L'article 51 de la foncière dispose : « L'acquisition, l'incorporation, la prescription acquisitive, l'occupation de choses perdues, la découverte d'une chose constituent d'autres modalités d'acquérir la propriété ».

Il faut relever, qu'à la lumière de la doctrine, la prescription dont parle l'article 51 susvisé concerne le bien meuble et non le bien immeuble. Par ailleurs, il passe pour souhaitable de préciser qu'aux termes de l'article 658 du code civil congolais livre III qui stipule « qu'en fait des meubles possession vaut titre », le législateur consacrerait la prescription acquisitive instantanée.

En effet, le droit immobilier ne s'éteint pas par le non usage ou par prescription.[95]

En outre, il y a lieu de noter que la loi n'envisage nulle part l'acquisition d'un droit réel immobilier par la prescription, fût-elle de trente ans. En outre, la propriété immobilière ne s'acquiert pas par prescription car cela est incompatible avec les nécessités du certificat d'enregistrement, soutient le Professeur Kangulumba.[96]

---

[95] Vincent KANGULUMBA MBAMBI, Précis de droit, op. cit., p. 410.

[96] Vincent KANGULUMBA MBAMBI, Cours de droit, op. cit., p. 281.

Cette position est également partagée par P. Jentigen qui estime que la prescription prévue à l'article 648 (Celui qui acquiert de bonne foi et par juste titre un immeuble, en prescrit la propriété par quinze ans) ne peut s'accomplir étant incompatible avec la nécessité du certificat d'enregistrement imposé par les articles 36 et suivant du livre II du code civil (art. 219 et 55 ss de la loi n°73/021 du 20/07/1973 telle que modifiée à ce jour).[97]

Pour sa part, le Professeur KIFWABALA affirme qu'une telle prescription est inconcevable en raison de la disparition de l'usucapion comme mode d'acquisition de la propriété immobilière lors de la réforme foncière de 1973.[98]

Ce raisonnement sur l'usucapion soutenu par ces doctrinaires a été retenu par le tribunal de grande instance de Kinshasa/Matete dans son jugement du 25 février 2008 intervenu dans la cause inscrite sous RC 18238 opposant Madame LINGELE BOLAKO Pauline au Général KIKUNDA OMBALA.

Point de nullité sans grief

Commentaire du principe

Principe qui gouverne la procédure civile congolaise et en secrète en même temps le caractère non formaliste. Ce principe, sous réserve de la violation de

---

[97] P. Jentingen cité par KATUALA KABA KASHALA, Code civil Zaïrois annoté ; Première partie : Des contrats ou des obligations conventionnelles, Editions Batena Ntambua, Kinshasa, 1995, p. 290.

[98] J.P KIFWABALA Tekilazaya, Droit civil. Les biens. Les droits réels fonciers, T.1, Presses universitaires Lubumbashi, 2004, p. 482.

formes substantielles ou prescrites à peine de nullité, veut à ce que la nullité d'un acte ne soit retenue que lorsque le préjudice subi est établi dans le chef de celui qui en fait état.

Ce principe est consacré en droit congolais par l'article 28 du code de procédure civile qui dispose : « Aucune irrégularité d'exploit ou d'acte de procédure n'entraine leur nullité que si elle nuit aux intérêts de la partie adverse ».

Privatorum conventio juri publico non derogat

Traduction de l'adage : La convention privée ne déroge pas à l'ordre public.

Commentaire de l'adage

Les particuliers ne sauraient se retrancher derrière le principe de la liberté contractuelle pour écarter l'application ou modifier l'effet des dispositions qui règlent l'organisation et les attributions des différents pouvoirs, ainsi que les obligations et les droits des personnes privées dans leurs rapports avec les puissances publiques (élections, impôts, service national…). Tout ce qui constitue, organiquement et fonctionnellement, le régime politique s'impose rigoureusement. C'était l'opinion de Domat qui écrivait : « les lois qui regardent l'ordre public sont celles qu'on appelle les lois de l'Etat, qui règlent la manière dont les principes souverains sont appelés au gouvernement, celles qui règlent les distinctions et les fonctions des charges publiques, celle qui regardent la police des villes et les autres règlements publics. ».

Il en résulte, aussi, que l'ordre public ne se trouve pas enfermé dans les seules lois de droit public régissant la marche de l'Etat, car comme le notait Portalis, s'il y a des gouvernements, c'est pour maintenir l'ordre public. L'idée générale qui sous-tend la notion d'ordre public, c'est la supériorité du collectif sur l'individuel ; la société serait compromise si les individus, en considération de leurs intérêts particuliers, pouvaient se placer au-dessus de l'intérêt social en se soustrayant aux lois qui le protègent.

Abondant dans le sens de Domat et Portalis, Henri DE PAGE a conclu en ces termes : « Ainsi donc, dès qu'il y a incompatibilité entre les prétentions des particuliers et les droits de la collectivité sur un même bien, les premières doivent céder aux secondes.[99]

Protestatio non valet contra actum

Traduction de l'adage : Contre l'acte protestation ne vaut.

Commentaire de l'adage

La maxime signifie, qu'en cas de contradiction entre le fait et le dire, on doit se régler sur les agissements et non sur les déclarations de la personne pour conclure quant à l'existence ou à l'interprétation d'une situation juridique. «Paroles (sic) sont femelles et les faits sont males (sic) », disaient autrement nos anciens auteurs.

Provision est due au titre

Commentaire du principe

Dans un litige, le droit qui repose sur un titre doit être consacré, par préférence aux prétentions de la partie adverse, tout au moins, lorsqu'il s'agit de pourvoir à l'exécution provisoire de ce titre.

---

[99] Henri DE PAGE, Traité élémentaire de droit civil belge : Principes – Doctrine – Jurisprudence », Tome I, Etablissements BRUYLANT E., Bruxelles, 1962, p. 704.

De même, lorsqu'une demande en justice est fondée sur un titre, dont l'existence matérielle n'est pas contestée, le tribunal appelé à ordonner l'exécution de ce titre, doit prononcer l'exécution provisoire de son jugement, nonobstant opposition ou appel.

Cet adage est consacré en droit congolais à son article 21 du code de procédure civile qui prévoit trois conditions alternatives pour l'application de l'exécution provisoire à savoir la présence d'un titre authentique, d'une promesse reconnue ou condamnation dont il n'y ait pas fait appel.

Quae in fraudem creditorum alienata sunt revocantus

Traduction de l'adage : Ce qui est aliéné en fraude des créanciers est sujet à restitution.
Commentaire de l'adage

Sur le fondement de cet adage, que reprend l'article 1167 du code civil français, les créanciers peuvent faire déclarer nuls à leur égard les actes que le débiteur a passés avec un tiers en fraude de leurs droits.

Il s'agit là d'une protection indispensable aux créanciers démunis de sûreté spéciale contre les agissements d'un débiteur qui est aux abois. Le débiteur sur le point de sombrer a tendance à dissiper son actif : il transforme ses biens pour se constituer des réserves occultes et refaire surface ailleurs ; il aliène à vil prix pour favoriser un parent ou un ami…

Les créanciers ne doivent pas assister, impuissants, à la disparition progressive de leur gage. Surtout qu'au regard des prescrits de l'article 245 de la loi foncière, siège légal du caractère patrimonial de l'obligation, « tous les biens présents et à venir du débiteur constituent le gage commun de ses créanciers… ». De là, l'action révocatoire mise à leur disposition, qui a le mérite de concilier les intérêts en présence : le maintien de la maîtrise du débiteur sur son patrimoine, la nécessaire défense des créanciers contre ses agissements frauduleux.

Pour se prémunir contre les actes frauduleux du débiteur, le législateur congolais a prévu en faveur du créancier l'article 65 du CCLIII qui lui permet d'attaquer les actes faits par son débiteur en fraude de ses droits. C'est ce qu'on appelle action paulienne en droit civil des obligations.

L'adage qui fait présentement l'objet du commentaire a le même sens que le brocard latin « **nemo liberalis nisi** » qui signifie « quiconque a des dettes ne doit pas faire des libéralités ».

Qui cum alio contrahit vel est debet esse non ignarus conditionis ejus

Traduction de l'adage : Celui qui fait un contrat avec autrui n'ignore pas ou ne doit pas ignorer la condition de sa partie.

Commentaire de l'adage

Il incombe à toute personne qui passe un contrat de s'informer de la capacité de sa partie. Les nullités fondées sur des incapacités sont, en principe, relatives et ne peuvent être invoquées que par les incapables.

Qui vend le pot dit le mot

Commentaire de l'adage

« Labéon écrit que l'obscurité de la convention s'interprète contre le vendeur qui l'a rédigée plus que contre l'acheteur, parce que le vendeur peut s'exprimer plus clairement en connaissance de cause » : *Labeo scripsit obscuritatem pacti nocere potius venditori qui id dixerit, quam emptori, quia potuit re integra apertius dicere*. Ainsi de tout temps, on a considéré que c'est le vendeur qui fait la loi du contrat, au motif qu'il ne se dessaisit de sa chose qu'autant qu'il le veut bien et que, maître de la chose, il est mieux à même de définir nettement les obligations qui pèsent de part et d'autre.

Specialia generalibus derogant

Traduction de l'adage : Les lois spéciales dérogent aux lois générales.

Commentaires de l'adage

La règle spéciale déroge sur la règle générale. Les dispositions de la loi du 20 juillet 1973 sont d'abord dérogatoires au droit commun (code civil livre III) et, ensuite, aux règles et principes du droit administratif normalement applicables en ce qui concerne les décisions ou actes d'un fonctionnaire, en l'espèce les Conservateurs des titres immobiliers qui sont soustraits de la procédure administrative naturelle (recours gracieux, hiérarchique et juridictionnel) relèvent du droit commun.

Superficies solo cedit

Traduction de l'adage : Ce qui s'incorpore à un immeuble est supposé appartenir au propriétaire.

Commentaire de l'adage

La vieille règle romaine qui signifie que la propriété du sol emporte la propriété du dessus et du dessous.

En effet, au regard de l'article 21 de la loi foncière, les immeubles par incorporation sont supposés appartenir au concessionnaire du fonds ou à la personne qui a le droit de jouissance sur le fonds sauf preuve du contraire ou occupation de bonne foi. Il en est ainsi de tout ce qui se trouve sur ce fonds.[100]

Tantum devolutum quantum appellatum

Traduction de l'adage : Il n'est dévolu qu'autant qu'il est appelé. (L'effet dévolutif d'appel ne se produit que dans la mesure de l'acte d'appel).

Commentaire de l'adage

En principe, l'effet dévolutif de l'appel a un caractère général : le litige jugé en première instance est transporté, sous tous ses aspects, devant la juridiction du second degré qui reçoit la connaissance entière du procès et qui a tout pouvoir de décision. C'est ce que déclare

[100] FATAKI WA LUHINDI Défi Augustin, La loi foncière congolaise confrontée aux réalités sociétales, Editions du Service de Documentation et d'Etudes du Ministère de la Justice et Garde des Sceaux, Kinshasa, novembre 2011, p. 45.

l'article 561 du Nouveau Code de procédure civile aux termes duquel : « L'appel remet la chose jugée en question devant la juridiction d'appel pour qu'il soit à nouveau statué en fait et en droit. »

Cette plénitude de l'effet dévolutif est corrigée par l'intervention de l'adage Tantum devolutum quantum appellatum, suivant lequel c'est l'acte d'appel qui fixe l'étendue de la dévolution. Il faut supposer qu'en première instance, chacune des parties a succombé partiellement. Si le plaideur, qui a gagné sur certains points et perdu sur d'autres, limite son recours aux seuls points qui lui font grief, la dévolution ne s'opère que dans la mesure où le jugement est frappé d'appel. *La Cour contreviendrait au principe dispositif si elle se saisissait de ce qui n'est pas l'objet du recours et méconnaîtrait l'autorité de la chose jugée en statuant sur des chefs à l'égard desquels aucune protestation n'a été élevée. La solution, traditionnelle, est inscrite dans l'article 562, alinéa 2 du Nouveau Code de procédure civile qui énonce que « l'appel ne défère à la cour que la connaissance des chefs de jugement qu'il critique expressément ou implicitement... ». Dans ces conditions, l'appelant ne risque pas de voir sa situation aggravée par l'appel, puisqu'il conserve le bénéfice des dispositions du jugement qui lui ont donné raison.*

En fait, la limitation de l'effet dévolutif se produit rarement, non seulement parce que les cas de succombance totale sont relativement nombreux, mais aussi parce que des circonstances, très fréquentes en pratique, aboutissent à une dévolution pour la totalité.

Tamtum devolutum quantum judicatum

Traduction de l'adage : Il n'est dévolu qu'autant qu'il a été jugé. (L'acte d'appel ne peut viser des points non jugés en première instance).

Commentaire de l'adage

L'appel produit un effet dévolutif, en ce sens que la Cour qui en connaît a plein pouvoir sur l'affaire qui lui est déférée, qu'elle statue, comme les premiers juges, en fait et en droit, qu'elle peut substituer au jugement une décision entièrement différente, le réformer sur quelques chefs ou le confirmer pour partie. L'effet dévolutif n'est pas, cependant, illimité, *Déjà restreint à ce qui a été demandé dans l'acte d'appel (Tantum devolutum quantum appellatum), il l'est encore à ce qui a été précédemment examiné dans le jugement ; or, le jugement n'ayant pu porter que sur les prétentions respectives des parties (NCPC, art. 5), la dévolution ne saurait englober d'autres chefs de demande (la cause ne peut se présenter devant la Cour que dans l'état où elle se trouvait en première instance, puisque l'appel ne remet en question que ce qui a été jugé) ; en conséquence, les demandes, plus exactement les prétentions selon la nouvelle terminologie du code, nouvelles en appel sont interdites. Telle est, positivement, la signification de l'adage.*

Néanmoins, le juge d'appel n'a pas toujours un pouvoir aussi borné. Dans diverses circonstances, il lui est permis, malgré le caractère fragmentaire de la dévolution, de s'emparer de l'entier litige quoiqu'il n'ait pas été complètement examiné, c'est-à-dire de juger là où il n'a pas été encore jugé. Il exerce, alors, un pouvoir d'évocation qui représente une entorse considérable à la règle Tantum devolutum quantum judicatum.

CONCLUSION

La présente étude sur les adages à travers les arrêts de la Cour de cassation a le mérite de démontrer combien **certains adages jouant le rôle des principes généraux du droit** sont utiles si pas nécessaires pour le travail de la Cour de cassation dans sa tâche de juridiction de cassation.

En effet, cette institution judiciaire congolaise appelée à unifier la jurisprudence congolaise en prenant des arrêts de principe et en cassant les décisions judiciaires rendues par les juridictions de fond, recourt par moment aux adages pour trancher certains litiges dont les solutions ne sont prévues ni par la loi, par la jurisprudence, par la coutume moins encore par l'équité.

La Cour de cassation fait recours aux adages en s'appuyant non seulement à l'article 1er de l'ordonnance du 14 mai 1886 de l'Administrateur général du Congo, telle qu'approuvée par le décret du 12 novembre 1886 qui dispose : « Quand la matière n'est pas prévue par un décret, un arrêté ou une ordonnance déjà promulguée, les contestations qui sont de la compétence des tribunaux du Congo seront jugées d'après les coutumes locales, les principes généraux du droit et l'équité » mais aussi à son arrêt sous RP 128 du 8 août 1975 par lequel il décide que « L'article 1er de l'ordonnance du 14 mai 1886 formant le titre préliminaire du Code Civil constitue la base légale de la cassation d'une décision judiciaire pour violation d'un principe général du Droit. »101

[101] DIBUNDA KABUINJI MPUMBUAMBUJI, Répertoire Général de Jurisprudence de la Cour Suprême de Justice 1969-1985, Editions connaissance et pratique du Droit Zaïrois « C.P.D.Z. », Kinshasa 1990, p. 28.

Il va de soi que les principes généraux du droit, provenant sans doute tous des adages, font partie intégrante de l'arsenal juridique congolais contrairement à la position de certains doctrinaires congolais.

En outre, quand bien même la résolution de ces conflits seraient prévus par la loi, la jurisprudence ou la coutume, la Cour de cassation se réfère aux adages pour motiver sa décision.

Compte tenu de l'importance des adages telle que démontré au premier chapitre, ce travail a non seulement répertorié ces adages dont vingt deux sont d'application par la Cour de cassation et vingt-et-un autres pouvant l'être, mais également, les a commentés et illustré par le biais des arrêts de la Cour de cassation.

Il convient, enfin, de souligner que certains de ces arrêts ont fait l'objet de nos observations.

BIBLIOGRAPHIE

1. Bulletin des arrêts de la Cour Suprême de Justice, Année 1977, Editions de la Cour Suprême de Justice, Kinshasa, 1978, 262 p.
2. Bulletin des arrêts de la CSJ, années 1980 à 1984, Editions du Service de Documentation et d'Etudes du Ministère de la Justice et des Affaires Parlementaires, 2001, Kinshasa, 576 p.
3. Bulletin des arrêts de la Cour Suprême de Justice, années 1985 à 1989, Editions du Service de Documentation et d'Etudes du Ministère de la Justice et Garde des Sceaux, Kinshasa, 2002, 560 p.
4. Bulletin des arrêts de la Cour Suprême de Justice, années 1990 à 1999, Editions du Service de Documentation et d'Etudes du Ministère de la Justice, Kinshasa, 2003, 512 p.
5. Bulletin des arrêts de la Cour Suprême de Justice, années 1985 à 1989, Tome I, Editions du Service de Documentation et d'Etudes du Ministère de la Justice et Garde des Sceaux, Kinshasa, 2010, 418 p.
6. CHARTIER Yves, la cour de cassation, 2e éd, Dalloz, Paris, 2001.
7. Claude Parmentier, Comprendre la cassation, Editions Larcier, Bruxelles, 2011, 221 p.
8. DE BURLET Jacques, Précis de droit international privé congolais, Ferdinand Larcier, Université Lovanium, Bruxelles, Kinshasa, 1971, 370 p.
9. DE PAGE Henri, Traité élémentaire de droit civil belge : Principes – Doctrine – Jurisprudence », Tome I, Etablissements BRUYLANT E., Bruxelles, 1962, 1365 p.

10. DIBUNDA KABUINJI, Langage et technique de la cour suprême de justice en instance de cassation, Editions de la société d'études juridiques du Zaïre, Kinshasa, 1979, 41 p.
11. DIBUNDA KABUINJI, Répertoire Général de Jurisprudence de la Cour Suprême de Justice 1969-1985, Editions connaissance et pratique du Droit Zaïrois «C.P.D.Z. », Kinshasa, 1990, 379 p.
12. FATAKI WA LUHINDI Défi Augustin, Adages à l'usage du prétoire et du politique, Editions Batena Ntambua, Kinshasa, 2008, 249 p.
13. FATAKI WA LUHINDI Défi Augustin, La loi foncière congolaise confrontée aux réalités sociétales, Editions du Service de Documentation et d'Etudes du Ministère de la Justice et Garde des Sceaux, Kinshasa, novembre 2011, 120 p.
14. Gérard Cornu, Vocabulaire juridique, 8e édition, Presses Universitaires de France, Paris, 2007, 986 p.
15. GUILLIEN Raymond et VINCENT Jean, Lexique de terme juridique, 7ème édition Dalloz, Paris 1988, 484 p.
16. GUILLIEN Raymond et VINCENT Jean, lexique des termes Juridique 14ème édition, Dalloz, Paris, 2003, 619 p.
17. KALALA MUENA MPALA, Juridictions de droit commun siégeant en matière du travail : Composition, compétence et saisine irrégulières. Moyens d'ordre public d'annulation et de cassation pour violation de la loi, Editions NATA, Kinshasa, septembre 2008, 495 p.
18. KALONGO MBIKAYI, Droit civil, Tome I. Les obligations, Editions Centre de Recherche et de Diffusion Juridiques, Kinshasa, 432 p.

19. KANGULUMBA MBAMBI V., Précis de droit civil des biens. Théorie générale des biens et spéciale des droits réels fonciers et immobiliers congolais, éd. Academia Bruylant, Louvain-la-Neuve, 2007, 541 p.
20. KANGULUMBA MBAMBI Vincent, Cours de droit civil : Les biens, 2è éd, 2è graduat, Faculté de Droit/Université de Kinshasa, Année académique 2003-2004, Kinshasa, 2004, 281 p.
21. KATUALA KABA KASHALA et alii, Arrêts de principe et autres principales décisions de la Cour suprême de justice, Editions Batena Ntambua, Kinshasa, 2009, 324 p.
22. KIFWABALA TEKILAZAYA J.P, Droit civil congolais. Les personnes, Les Incapables, La Famille, Presses universitaires de Lubumbashi, Les analyses juridiques, Lubumbashi, 2008, 406 p.
23. KIFWABALA Tekilazaya J.P, Droit civil. Les biens. Les droits réels fonciers, T.1, Presses universitaires Lubumbashi, 2004.
24. LAMY E., Cours de procédure civile, année académique 1975-1976, UNAZA, Faculté de Droit-Campus de Kinshasa, 301 p.
25. LAMY Emile, « L'action civile d'office et les problèmes d'application qu'elle pose (article 114 de l'ordonnance-loi du 10 juillet 1968) », in Revue zaïroise de droit, 2è année, n° spécial, 1971.
26. LEIBNIZ, Nouveaux Essais sur l'entendement humain, édition GF, 1ère éd., 1765, 499 p.
27. LUNDA BULULU, Vie internationale, Syllabus, 2ème Graduat, Faculté de Droit, Université de Kinshasa, 2003-2004, Inédit.
28. MAMPUYA KANUNK'A-TSHIABU, Cours de vie internationale, 2è graduat/Droit, Université de Kinshasa, Année académique 1987-1988, 171 p.

29. MUKADI BONYI et KATUALA KABA KASHALA, Procédure civile, Editions Batena Ntambua, Kinshasa, 1999.
30. MUSHIGO A GAZANGA Gingombe Ruffin, Les principes généraux du droit et leurs applications par la Cour suprême de justice du Congo, Bruylant Academia, Bruxelles.
31. MUSHIGO-A-GAZANGA GINGOMBE (R), Le contentieux administratif dans le système juridique de la République Démocratique du Congo, Bruylant - Academia S.A, Louvain-la-Neuve.
32. NKATA BAYOKO, De la violation des principes généraux du droit, Moyen de cassation, Editions Kinsel, Kinshasa, 2004, 58 p.
33. NTETIKA MBAKATA JA, L'exécution provisoire et les défenses à exécuter en procédure civile congolaise, Editions Kapanga, Kinshasa, 2011, 123 p.
34. NYABIRUNGU mwene SONGA, Droit Pénal Général Zaïrois, Editions Droit et Société « DES », Kinshasa, 1989, 414 p.
35. NZANGI BATUTU Michel, Termes, Expressions, Principes et Adages latins juridiques, Collection Droit Politique Sociologie, Kinshasa, 2007, 61 p.
36. PETIT LAROUSSE ILLUSTRE, Montparnasse, Paris, 1990, 1680 p.
37. Roland H. et Boyer L., Adages du Droit Français, 4è éd, éditions Litec, Paris, 1999, 1021 p.
38. Roland H. et Boyer L., Locutions latines du Droit Français, 4è éd, Editions Litec, Paris, 1998, 566 p.
39. RUBBENS A., Le droit judiciaire zaïrois, T.II, PUZ, Kinshasa, 1978, 329 p.
40. SCHARTIER, La cour de cassation, 2è édition, Dalloz, 2001, 157 p.

41. SOHIER A., Droit civil du Congo Belge, T.I, Vol.I, Larcier, Bruxelles, 1956, 337 p.
42. VUNDUAWE te PEMAKO Félix, Traité de droit administratif, Editions Larcier, Bruxelles, 958 p.
43. VUNDUAWE te PEMAKO Félix, « l'histoire constitutionnelle des actes ayant force de loi au Congo-Zaïre (1885-2005), in Pour l'épanouissement de la pensée juridique congolaise, Bruylant, Bruxelles, PUK, Kinshasa, 2006, 285-315 pp.
44. WEBER JEAN-FRANCOIS, La Cour de cassation, La documentation Française, Paris, 2010.

TABLE DES MATIERES

DEDICACE 7
REMERCIEMENTS..9
PREFACE 11
LISTE DE PRINCIPALES ABREVIATIONS 15

INTRODUCTION 17

CHAPITRE I. L'INTERET DES ADAGES 19

CHAPITRE II. L'ILLUSTRATION DE L'EMPLOI DES ADAGES PAR LA COUR DE CASSATION 39

CHAPITRE III. LES AUTRES ADAGES SUSCEPTIBLES D'ETRE APPLIQUES PAR LA COUR DE CASSATION 101

CONCLUSION...127

BIBLIOGRAPHIE..129

Structures éditoriales du groupe L'Harmattan

L'Harmattan Italie
Via degli Artisti, 15
10124 Torino
harmattan.italia@gmail.com

L'Harmattan Hongrie
Kossuth l. u. 14-16.
1053 Budapest
harmattan@harmattan.hu

L'Harmattan Sénégal
10 VDN en face Mermoz
BP 45034 Dakar-Fann
senharmattan@gmail.com

L'Harmattan Cameroun
TSINGA/FECAFOOT
BP 11486 Yaoundé
inkoukam@gmail.com

L'Harmattan Burkina Faso
Achille Somé – tengnule@hotmail.fr

L'Harmattan Guinée
Almamya, rue KA 028 OKB Agency
BP 3470 Conakry
harmattanguinee@yahoo.fr

L'Harmattan RDC
185, avenue Nyangwe
Commune de Lingwala – Kinshasa
matangilamusadila@yahoo.fr

L'Harmattan Congo
67, boulevard Denis-Sassou-N'Guesso
BP 2874 Brazzaville
harmattan.congo@yahoo.fr

L'Harmattan Mali
ACI 2000 - Immeuble Mgr Jean Marie Cisse
Bureau 10
BP 145 Bamako-Mali
mali@harmattan.fr

L'Harmattan Togo
Djidjole – Lomé
Maison Amela
face EPP BATOME
ddamela@aol.com

L'Harmattan Côte d'Ivoire
Résidence Karl – Cité des Arts
Abidjan-Cocody
03 BP 1588 Abidjan
espace_harmattan.ci@hotmail.fr

Nos librairies en France

Librairie internationale
16, rue des Écoles
75005 Paris
librairie.internationale@harmattan.fr
01 40 46 79 11
www.librairieharmattan.com

Librairie des savoirs
21, rue des Écoles
75005 Paris
librairie.sh@harmattan.fr
01 46 34 13 71
www.librairieharmattansh.com

Librairie Le Lucernaire
53, rue Notre-Dame-des-Champs
75006 Paris
librairie@lucernaire.fr
01 42 22 67 13

www.ingramcontent.com/pod-product-compliance
Lightning Source LLC
LaVergne TN
LVHW051353061026
849535LV00009B/3152
9782343206714